イヤイヤ期専門保育士が答える

子どものイヤイヤ

文 中田 馨
絵 クリハラタカシ

100のヒント

こんなとき
どうする?

実務教育出版

まえがき

「イヤイヤ期って何だかややこしそう」

そんなイメージを持っていませんか？　私は今、イヤイヤ期の男の子4人と毎日過ごしていますが、彼らはと～～～ってもややこしい!!　だって、長い時は10分でも15分でも「イヤイヤ」と言って、すねているんですから。でもね、最高に面白くて、かわいくて、愛おしい存在なのです。

はじめまして。保育士の中田馨《なかたかおり》です。兵庫県西宮市にある認可保育所、中田家庭保育所で施設長をしています。「家庭保育所」という名称に耳慣れない方もいらっしゃると思います。中田家庭保育所は、1974年に自宅の一室を保育所として母がスタートさせました。自宅が保育所ということで、姉も私も学校から帰ってきたら園児と遊ぶなど、家族ぐるみで園児たちを長年育ててきました。その後、私は20歳で保育士になり、保育士歴23年、人生では年齢と同じだけの年数を乳幼児と関わっています。保育所は0～2歳児が対象なので、「イヤイヤ期専門保育士」と自認しております。

定員は5名までなので、これまで保育士として送り出してきた子どもたちは120名ほど。大きな保育園にお勤めの保育士さんと比べると、関わってきた子どもの数は少ないでしょう。ただ、少人数だからこそ、一人ひとりきめ細やかに関わってきたと自負しております。

では、この本の本題「イヤイヤ期」とは、どんな時期なのか？　簡単にお話します。子どものイヤイヤ期とは、おおよそ1歳半～3歳頃のことを指します。第一次反抗期や魔の2歳とも言われますね。「反抗期」「魔」と聞くと、何だか身構えてしまいそうですが、私は親御さんに「イヤイヤ期は成長期ですよ」とお伝えしています。

イヤイヤ期になると、「何でも自分でしたい！」という自立心が強まります。でも、まだ気持ちを言葉でうまく伝えることができません。その結果、自分の気持ちを「イヤ」で表現します。イヤイヤ期は自立・成長の時期で、とても喜ばしいことなのです。

とはいえ、何でもかんでも「イヤ」と言われると、どう対応すればいいか分からなくなってしまいますよね。また、自己主張がはっきりしすぎて、扱いにくいと感じることも多いでしょう。「この子は、どうしてこんなにイヤイヤばっかり言うの!?」と腹立たしい気持ちになることもあるかもしれません。でも、考えてみてください。生まれて2年ほどのこんな小さな子が、自分の気持ちをしっかり主張できているのは、とてもすごいことです。

順調に成長している証《あかし》ですね。

本書は、イヤイヤ期の子によくある、お困りシーン別の対処法を１００個紹介しています。その中でも、特に気をつけていただきたいポイントが３つあります。

１つ目は、**「子どもの気持ちに共感する」**です。子どもが「イヤ」と言い出すと、大人は「イヤ」をやめさせようとしがちです。ここで「〇〇がしたかったんだね」とお子さんの気持ちに共感するだけで、子どもは「ぼくの気持ちを分かってくれた！」と感じて安心するのです。

２つ目は、**「子どもを待つ」**です。みなさんは、「子どもを待ってください」と言われて何秒待てますか？　数えてみると3秒も待っていなかったという親御さんもいます。子どものペースと大人のペースは違います。電車で例えると、子どもは各駅停車。大人は急行なのです。大人が「これしてほしい！」と言っても、思うようにすぐ動いてくれないものと心がけましょう。

３つ目は、**「子どものイヤイヤ感情に同調しない」**です。子どものイヤイヤが爆発すると、イライラすることもあると思います。でも、子どもの感情に乗っかって、親御さんまでイライラしては、体力が消耗するだけで大変もったいないことです。子どものイヤイヤ感情が高まるほど、「この感情に同調しない。冷静に、淡々と」を心がけてみましょう。

＊　＊　＊

私は男の子と女の子の2児の母でもあります。ママ友にはよく、「いつも笑顔で優しいよね」とか「保育士さんだから、子育て上手でしょ?」なんて言われますが、とんでもない!! わが子の子育てを振り返ると、ずいぶんガミガミ言ってきましたし、怒りが大爆発して反省したことが何度もあります。子どもたちからすると、「何を偉そうに語っているんだ!」と言われそうですが、反省だらけの子育てだったからこそ、親御さんの気持ちが分かり、寄り添うことができると思っています。

時には、イヤイヤ期のわが子に怒って「なんでこんなに怒ってしまったのだろう」と自己嫌悪に陥ることもあると思います。「今日はイライラしない!」と決めても、イライラしてしまうこともあるでしょう。そのうち落ち着くはずと分かっていても、「いつまでこの状況が続くんだろう…」と不安に感じますよね。

親としては、子どもに生活習慣や社会のルールを身につけてほしい、家族や友だち、物、命を大切にしてほしいという思いがあります。それだけに、わが子のイヤイヤが爆発するとイライラします。でも、それは正面から真剣にお子さんを受け止めようと思っているからこそです。だから、怒ったり、イライラしたりする自分を責めないでください。

親御さんが子育てで大切にされている思いはそのままでOK。今の思いのままで、本書に書かれている言葉がけや対処法を試してみてください。お子さんへの伝わり方が変わり、お子さんの行動も変わってきます。そして何より、それをすることで芽生えそうになった親御さんのイライラが、頭の中からスーっと抜けていきますよ。

＊　＊　＊

子どもは一人ひとり個性がありますし、日によって昨日うまくいった対応が今日はうまくいかないこともあります。本書に書かれているイヤイヤ期のシーン別対処法には、そのヒントが散りばめられています。そのシーンで役立つのはもちろんのこと、「他の場面でも使えるかも！」という目線でも読み進めてくださいね。ちなみに私は本書の対処法を、そろそろ思春期卒業の16歳の息子と、もうすぐ思春期の12歳の娘にも活用しています。つまり、イヤイヤ期に限らず、この先の子育てにも長く使えます。また、イヤイヤ期が訪れる前の心の準備にもなると思います。ぜひ、参考にしてくださいね。

イヤイヤ期は、「ぼくね、今よりももっともっと、イロイロできるようになりたいんだ！」

というお子さんからのメッセージが込められた時期でもあります。子どもの精神面、身体面が大きく成長していく時期ですので、親御さんが「どうすればいいか…」と悩むのは当たり前。悩みながら、失敗しながら、そして楽しみながら子育てしていけるといいですね。

最後になりましたが、本書はクリハラタカシさんのイラストとともに構成されています。クリハラさんのことは以前から存じ上げていたので、ご一緒できると知った時は思わず「やった!」と声を上げてしまいました。クリハラさんのユーモア満載のかわいらしいイラストとともに、クスッと笑いながら読み進めてくださると大変うれしく思います。

2021年1月

イヤイヤ期専門保育士
中田馨

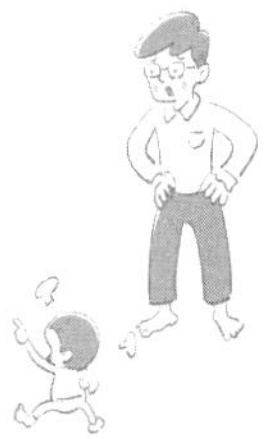

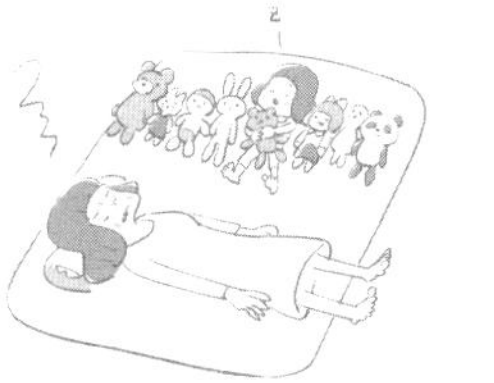

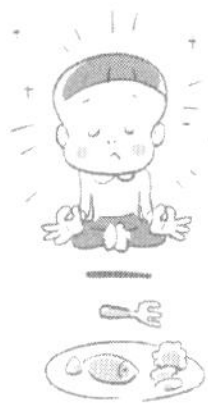

1章　ねんねのイヤイヤ

2章　ごはんのイヤイヤ

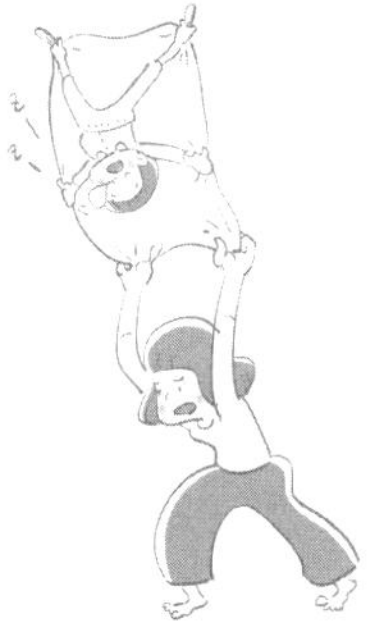

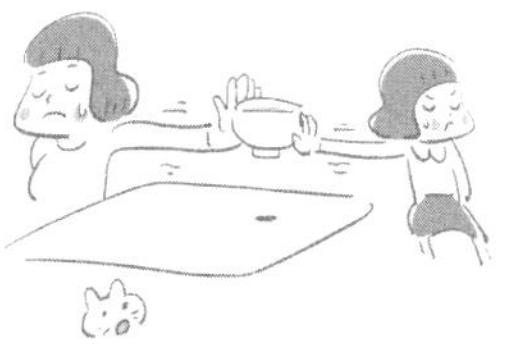

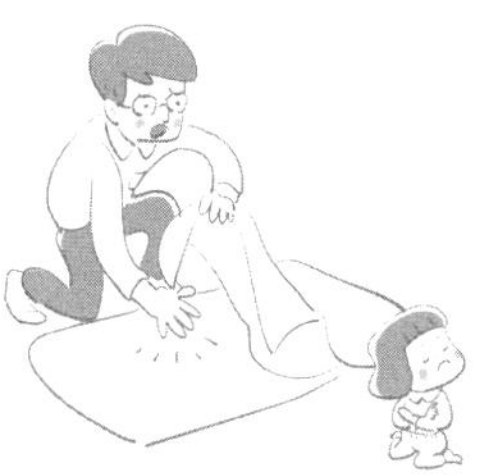

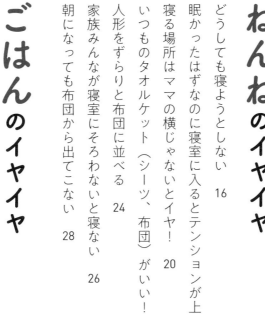

3章 おきがえのイヤイヤ

4章 おトイレのイヤイヤ

5章 はみがきのイヤイヤ

6章 おふろのイヤイヤ

7章 おうちのイヤイヤ

8章 かぞくのイヤイヤ

9章 おともだちのイヤイヤ

10章 おでかけのイヤイヤ

11章 その他のイヤイヤ

装丁デザイン：西垂水敦・市川さつき（krran）
本文デザイン：佐藤純（アスラン編集スタジオ）

本書の登場人物

バラエティ豊かなイヤイヤを繰り広げる
双子のきょうだいと、
てんてこまいになりながらも
楽しく子育てするパパとママです！

ねんね
の
イヤイヤ
001

どうしても寝ようとしない

イヤイヤ対処ワザ

寝る20〜30分前に寝室に誘う。寝るまでに子どもが安心できることを習慣化しよう

やりがちだけど、なるべくしたくないこと

✖「早く寝なさい！」と叱る
✖「早く寝ないと明日お出かけしないよ！」と脅す
✖「寝ないとオバケが来るよ！」と驚かせる

親として知っておきたいこと

ママが子どもに言う言葉で一番多いのは「早く」だそうです。私も、わが子にはよく使ってきた覚えがあります…。**「早く」と言ってしまう理由は、大人のペースに子どもを合わせたいから。**子どもは大人よりもゆっくりペースだと知れば、「早く」を使わずに子どもを誘う方法を見つけられるかもしれません。

イヤイヤ期専門保育士の対処ワザ

寝てほしい20～30分前に「もうすぐ寝る時間だよ。布団の部屋に行こうね」と余裕を持って誘います。**寝室に入って寝るまでの習慣的な行動を決めておくとスムーズです。**例えば、マッサージなどのスキンシップ、好きなぬいぐるみと一緒に寝るなど、お子さんが安心することでOKです。わが家は、絵本を3冊読んでいました。

寝る前の習慣を取り入れてもお子さんが寝てくれない場合、もしかしたら自分が寝たらママが洗濯物を畳むために布団から出ていくことをお見通しなのかもしれません。そんな時は残った家事などは潔《いさぎよ》くあきらめて、子どもと一緒の時間に寝てしまい、朝型生活にシフトするという手もあります。この機会に、寝室に入ってから子どもが寝入るまでの時間を親子でどう過ごすかを見直してみたらどうでしょうか。

ねんねのイヤイヤ 002

眠かったはずなのに寝室に入るとテンションが上がる

イヤイヤ対処ワザ

子どものハイテンションには同調せず、
淡々と対応しよう

やりがちだけど、なるべくしたくないこと

✕「騒がないで寝なさい！」と叱る
✕「もう遅いから寝なさい！」と叱る
✕「オニが来るよ！」としつけアプリを使う

親として知っておきたいこと

さっきまで眠そうだったのに寝室に入った瞬間にパワー全開。急に見えない敵と戦い始める子ども…。「騒がないで寝なさい！」と言いたくなりますが、**子どものテンションが上がっている時に、強い調子で叱ると、おさまるどころかずっとふざけがちです。**「しつけアプリ」を発動する手もありますが、子どもが「怖い！」と思って言うことを聞いてくれるのは最初だけ。成長して慣れてくると、効果はなくなります。

イヤイヤ期専門保育士の対処ワザ

これ以上、お子さんのテンションを上げないために、あえてヒソヒソ声で話しかけてみてください。「ヒーロー、今日もかっこいいね！そろそろ休憩の時間だよ。かっこよく、そーっと布団で寝てみよう」と淡々とした口調で言いましょう。それでも起き上がると、そのたびにそっとささやきます。お子さんのテンションに同調しないことを徹底します。

育児書には「○時までに寝かせましょう」と書かれているので、その時間を過ぎると焦ってしまうかもしれません。しかし、「だいたい○時～□時までに寝ればいいや。こんな日もある！」くらいの大らかな気持ちで取り組めばいいですよ。

ねんね の イヤイヤ 003

寝る場所はママの横じゃないとイヤ！

けんかを やめて〜
まだ しごとが…
ママ〜
ママの となりは 私なのっ!!

イヤイヤ対処ワザ

「ママの横で寝たい」という子どもの欲求をオウム返しして認めよう

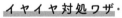

やりがちだけど、なるべくしたくないこと

✖「誰の横でもいいじゃない！」と言う
✖「いいから早く寝なさい！」と言う
✖「ママは用事があるからパパと寝て！」と一方的に言う

親として知っておきたいこと

「寝る時は何が何でもママの横」とママの横を独占したがる子に、「誰の横でもいいじゃない」と言っても首を縦に振ってくれません。だって、ママが大好きなんですから。そう分かっていても、ママの横を取り合うきょうだいゲンカが始まると「もうやめて〜！　おとなしく寝てよ〜」と思うことでしょう。まずは「ママの横を独占して寝たい」という気持ちを受け止めてから、次の方法を考えましょう。

イヤイヤ期専門保育士の対処ワザ

声かけのポイントは、「ママの横で寝たい」という子どもの欲求を「ママの横で寝たいのね」とオウム返しして、認めることです。**気持ちを受け止め、抱っこして落ち着くまで待ったら「お兄ちゃんもママの横で寝たいんだよ」ときょうだいの気持ちもきちんと伝えます。そこからどうすればいいか、一緒に考えましょう。**

わが家は妹が「自分が真ん中」タイプ、兄が「ママの隣」タイプでした。親子3人で考え出した方法は日替わりで「兄ー妹ー母」「兄ー母ー妹」の順に寝る位置を変えること。妹が先に寝たら「兄ー妹ー母」の日でも、「兄ー母ー妹」に変更するなどし工夫しましたよ。

ねんねのイヤイヤ 004

いつものタオルケット（シーツ、布団）がいい！

イヤイヤ対処ワザ

「いつものがいいのに、なくて残念だね」と子どもの気持ちに共感して安心させよう

やりがちだけど、なるべくしたくないこと

✖「違うのでもいいでしょ?」と言う
✖「洗濯中だから今日はないの!」と強く言う
✖執着が強すぎないか心配する

親として知っておきたいこと

お気に入りのタオルケットを寝る時以外も持ち歩いていると、「こんなに執着して心配。やめさせたほうがいいかな?」と思うかもしれません。でも、**子どもにとって、タオルケットの肌触りや匂いが「いつもと一緒」ということはとても安心できること**なのです。みなさんが子どもの時にも、「あると安心した」ものがあったのではないでしょうか。基本的には、それでお子さんの心が落ち着いているのなら、無理にやめさせることはしないでください。そんな大切なものが、手元になければ不安になるのも無理ないですからね。

イヤイヤ期専門保育士の対処ワザ

ここでの課題は、お気に入りのタオルケットがない時はどうすればいいかです。まず、「いつものタオルケットがいいよね。今日はなくて残念だね」とお子さんの気持ちに共感します。共感とは子どもの目線に立って、子どもの感じていることをそのまま感じることです。**親に共感してもらうことで、子どもは「分かってくれている」と安心して愛情を感じ、「ぼくはこれでいいんだ」と自信を持てるようになります。**共感した後は、子どもの気持ちが落ち着くまで抱っこをして待ちましょうね。

ねんね の イヤイヤ 005

人形をずらりと布団に並べる

イヤイヤ対処ワザ

子どもと人形に寄り添いつつ、「布団に入れる人形は3つまで」とルールを決めよう

やりがちだけど、なるべくしたくないこと

×「たくさん持ってこないで、っていつも言ってるでしょ！」と怒る
×子どもに聞かず勝手にどける
×親は仕方なく隅っこで寝る

親として知っておきたいこと

布団にたくさんの人形を並べ、ママやパパの寝るスペースがなかったら困ります。ただ、親にとって人形は人形ですが、子どもにとっては友だちです。一緒にいると安心する大切な存在なので、適当に扱ってはいけません。子どもに聞かず勝手にどけるのはよくないけれど、だからと言って親御さんが布団の隅で寝るのも違います。目標は、人形たちには気持ちよくどいてもらい、寝るスペースを確保すること。

イヤイヤ期専門保育士の対処ワザ

まずは、「わあ、みんなお布団で気持ちよさそうに寝ているね！」と子どもと人形に寄り添います。するとお子さんは満足げな顔をするでしょう。ここから交渉スタートです。「ママもこのお布団で寝たいの。だから寝る場所を作ってくれると、助かるわ」とお願いします。そして、ルールを決めます。

私が園長を務める保育園では「人形は人形のお布団」というルールがあります。ご家庭なら「布団に入れる人形は3つまで」などがいいでしょう。ただし、「こうしなさい！」と命令されると子どもは動きにくいもの。ですので、**「お布団には3つだけにしようか」というように提案してみましょうね。**

ねんねのイヤイヤ 006

家族みんなが寝室にそろわないと寝ない

オセロかな？
パパもこないとダメよーっ
ねんねできないっ
う〜ん

イヤイヤ対処ワザ

「家族みんなと寝たい！」という思いを最優先し、できる範囲で受け止めよう

やりがちだけど、なるべくしたくないこと

✕「パパはお風呂だから無理です！」と断る
✕「ママがいるからいいでしょ！」と説得する
✕寝かしつけるのはママの役割と決めつけ、パパがめんどくさがって協力せずにケンカになる

親として知っておきたいこと

子どもは、同じ空間に家族みんなでいることが大好きです。特に寝る時は、安心できる環境で眠りたいので、誰か一人でも欠けているとなんだか落ち着かないのでしょう。きっと今は、家族みんなでいることを強く求めている時期なのです。

イヤイヤ期専門保育士の対処ワザ

みんなで寝室に入り、「ママいる、パパいる、お姉ちゃんいる、ぬいぐるみのネコちゃんもいる」と家族全員がそろったら、安心して布団に入ってくれます。多少「めんどくさいなあ」と思う時もあるでしょうが、「家族みんなと寝たい！」と願うお子さんの思いを受け止めてあげることを最優先してあげてください。**もし、パパがお風呂なら「パパが来るまで、ぬいぐるみを抱っこして待っていようね」など子どもが落ち着いて待てる方法を探します。**パパには「お風呂から上がったら、ひとまず寝室に来てね」とお願いしましょう。

子どもが「家族みんなと寝たい！」と求めてくれるのは今だけです！思春期になれば頼んでも一緒に寝てくれません。そんなお子さんの思いに、できる範囲で構いませんので寄り添ってあげましょう。

ねんねのイヤイヤ007

朝になっても布団から出てこない

イヤイヤ対処ワザ

カーテンを開け、起きてほしい15分前からゆるく声かけをスタート

やりがちだけど、なるべくしたくないこと

✖布団を強引にはがし取る
✖「早く起きなさい!!」とイライラする
✖「保育園に遅刻するよ!」と慌てさせる

親として知っておきたいこと

ただでさえ忙しい朝、何度も起こしているのに布団から出てこなかったらイライラはMAXになりますよね。ちなみに私は、目覚まし時計が鳴ってから5分はゴロゴロしますが、みなさんはすぐに起きられますか？　お子さんにもすぐ起きられない日だってあるはずです。

「1回起こせば起きる」を理想とすると、なかなか起きてくれない時はイライラしてしまいます。そんな感情に朝からエネルギーを使うのはとてももったいないこと。イライラを横に置き、気持ちよく朝をスタートできるよう意識を向けましょう。

イヤイヤ期専門保育士の対処ワザ

起こす時は起きてほしい15分前からゆるく声かけをスタートします。「おはよう」と声をかけながらカーテンを開け、太陽の光を入れます。身体をさすってもいいでしょう。**1回で起きなければ、5分おきに声をかけます。3回声をかけても起きなければ、ひざに抱っこして座らせます。**「おはよう。〇〇ちゃん、大好きだよ!」なんて声をかけて、ゆったりと目覚めの時間をとっていると、3分もすれば子どもの目が覚め始めます。「起きなさい!」と強引に起こすより、焦らずに起こすほうが結果的に時間短縮になりやすいですよ。

ごはんのイヤイヤ 008

何度、食事に呼んでも来ないのに、先に「いただきます」をすると怒る

イヤイヤ対処ワザ

5分おきに3回「ごはんだよ」と予告して信じて待つ

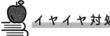

やりがちだけど、なるべくしたくないこと

×「さっきから何度もごはんって言ってるでしょ！」と怒る
×「ごはん、なしにするよ！」と驚かせる
×「ママが全部食べちゃうよ！」とウソを言う

親として知っておきたいこと

「ごはんできたよ〜」と言っても子どもが食卓にやって来ない。子どももあるあるですね。ママは作っている時からすでに「ごはんモード」で、心もお腹も食べる準備完了ですが、**子どもは遊びに夢中で他のことが耳に入らない状態と考えましょう。**だから「ごはんできたよ〜」のかけ声で、すぐに動くことができないのです。

イヤイヤ期専門保育士の対処ワザ

園では、5分おきに3回「そろそろごはんだから、片づけようね」と予告をします。この時、子どもが聞き逃さないように、必ず目を合わせて声をかけます。3回言っても動かない時もあるでしょうが、「片づける」ことは頭にあるはずです。ごはんの香りがしてきて食卓に並び始めることで、待っていれば動いてくれます。それでも食卓に来なければ、先に食事をスタートしてもいいでしょう。もし**子どもが怒れば、「呼んだら来てほしいな」と伝えるだけでOKです。**

私たち大人は、子どもを待つことがとても苦手です。子どもが大人の思うようにサッと動くなんて理想は捨ててください。子どもと大人の時間の流れが違うことを理解して、信じて待ちましょうね。

ごはんのイヤイヤ 009

苦手な食べ物が出てくると、一口も食べず目をつぶり瞑想に入る

イヤイヤ対処ワザ

食べない時は、一口でも合格点

やりがちだけど、なるべくしたくないこと

✖「早く食べなさ〜い！」とせかす
✖無理やり口の中に入れようとする
✖「〇〇ちゃんのためにがんばって作ったのに！」と文句を言う

親として知っておきたいこと

好き嫌いがあるのは成長の証。一概に「悪」ではなく、食べ物の好みを主張できているとも言えます。自分の気持ちを主張できるのは、対等な親子関係ができているということ。また、「早く食べなさ〜い！」と言われ、無理やり口に入れられる前に自分で強制終了できるのは知恵がある証拠。もし、子どもの態度に「イラッ」としたら、怒りの言葉をいったんグッと飲み込み、違う言葉に言い換えられないか考えます。

イヤイヤ期専門保育士の対処ワザ

まず「どれなら食べられそう？」と聞き、子どもが「大根」と言ったら大根を食べてもらいます。ここで、「大根を食べたから次！」と欲張ってはいけません。一口でも合格点。**「大根食べたね。おいしいね」「〇〇ちゃんがパクパク食べて、ママうれしいよ」と食べられた喜びを共感します。**たとえ、食べられなくても怒らず、頃合いを見て潔く食事を終了。次の食事までに、おにぎりなど食事の代わりになるオヤツを用意します。**苦手な食べ物を好きになるためには、無理やり食べさせることは逆効果。**「おいしいね！」と親が食べる姿を見せ続け、子どものことを信じて自分でチャレンジしてみようと思えるよう見守りましょうね。

ごはんのイヤイヤ 010

苦手な食べ物が出てくると、食器を奥へ押しやり身体ごとそっぽを向く

イヤイヤ対処ワザ

「危ない」ときちんと伝え、食べさせるのをあきらめよう

やりがちだけど、なるべくしたくないこと

✖「それなら食べなくていい！」と食器を下げる
✖「一口でもいいから食べなさい！」とスプーンを口の前に持っていく
✖「何でも食べないと大きくならないよ」と怖い顔をする

親として知っておきたいこと

子どもが「食べない！」と器を押しやり、勢いがつきすぎて中身がこぼれたら、堪忍袋《かんにんぶくろ》の緒がプッツンと切れることもあるでしょう。そんな時こそ深呼吸をして、「落ち着け、私…」とつぶやいて冷静に対処しましょうね。

イヤイヤ期専門保育士の対処ワザ

まず、苦手な食べ物の器を奥に押しやられたら、「危ない」ときちんと伝えます。そして「食べたくないのね。食べなくてもいいから器はここに置いていてね」と元の場所に戻し、子どもの様子を見守ります。「一口でもいいから食べなさい！」と言いたくなると思いますが、イヤなものを「食べろ」と何度も言われたり、口の前に苦手な食べ物を持ってこられたりしたら、うんざりして食べたくなくなります。**手と口を出さず、見張りもせず、ただ、そばで見守りましょう。**無理に食べさせるのをあきらめて親が自分の食事に集中していたら、子どもが急に食べ始めることもあります。

子どもが食べてくれない時は、「大きさや硬さが子どもに合っているのか？」「とろみ付けをすれば食べてくれないか？」「スープに入れるとどうだろう？」など食べやすさのアップ方法を検討するチャンスと考えてみましょうね。

2章

ごはんのイヤイヤ 011

野菜をツンツンつつくだけつついて食べない

イヤイヤ対処ワザ

ツンツンしてもスルーし、好きなメニューに意識を向けさせよう

やりがちだけど、なるべくしたくないこと

×「お行儀が悪いからやめなさい！」と注意する
×「遊ばず食べなさい！」と叱る
×「一口でいいから食べなさい」と勧める

親として知っておきたいこと

緑の野菜をツンツンして遊んでいたお子さんを、「お行儀が悪いからやめなさい！」と注意したこともあると思います。子どもが緑の野菜を好まない理由は、苦い・色がおいしそうじゃないなどありますが、「カロリーがないから」という説もあります。つまり、本能的に低カロリーの食材を避けているとも言えるのです。

ところで、みなさんはお子さんには苦手な食べ物でも食べさせるべきだと思いますか？　もしかすると「なんでも食べるべき」という親の価値観は、今の子どもにとっては強すぎる思いなのかもしれません。親御さんの「べき」で気張りすぎないようにしましょう。

イヤイヤ期専門保育士の対処ワザ

ツンツンするのは、興味はあるけど「食べる」までの勇気はないということ。やめるように注意しても、子どもは食べるようにはなりません。ツンツンをやめさせるのではなく、「お魚食べようか」などと好きなメニューに意識を向けさせましょう。**苦手だけど興味がある食べ物は、今は「興味がある」止まりでOK。**ただ、お皿の隅っこにほんの少し盛りつけるなどして献立には取り入れます。**無理強いはせず、「食べたらラッキー」くらいの気持ちで見守りましょうね。**

ごはんのイヤイヤ 012

コップを倒してお茶をこぼす、お皿や箸などを投げる

イヤイヤ対処ワザ

物に当たる危険な行為は体を張って止め、きちんと叱ろう

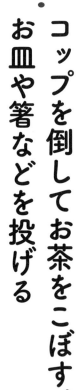

やりがちだけど、なるべくしたくないこと

×「お皿を投げるなんて悪い子ね！」と叱る
×「もう食べなくていい！　ごはん終了！」と食事を下げる
×「どうしてそんなことするの！　いつもあなたは…」と長い説教を始める

親として知っておきたいこと

子どもの虫の居所《いどころ》が悪い時に食事の時間が重なると大惨事になることもあります。せっかく作ったごはんの器を投げられると、悲しくなりますし、物を大切にしてほしくて強く叱ってしまうこともあるでしょう。その気持ちは大正解。でもそんな時こそ、思わず言ってしまいそうな強い言葉を飲み込み、深呼吸してみると、思わぬ落ち着いた言葉が出てきますよ。

イヤイヤ期専門保育士の対処ワザ

この場合は「器を投げた」という危険な行為に目を向けます。投げたら（投げようとしたら）体を張って止め、「投げたら危ない」ときちんと叱ります。**もし、トマトを食べたくなくて器を投げたのなら、「トマトが食べたくないのだね」と気持ちを受け止めます。**親が言うのは、それだけで十分。これ以上、やってしまったことを責める必要はありませんし、**ガミガミ言うと心の窓を閉じてしまいます。「悪い子ね」などと言って、子どもを評価しないでくださいね。**

かんしゃくを起こした場合は、イスから降ろして安全な場所でかんしゃくを起こさせます。十分に気持ちを出し切れば徐々に落ち着くので、「おいで」と抱っこして「ごはん、食べる？」と再びごはんに誘ってみましょう。

2章

ごはんのイヤイヤ 013

食事用エプロンを嫌がる

いっそ食事はスッポンポンで……
ふーんっ
とるっ

イヤイヤ対処ワザ

エプロンはつけなくてもOK。つけてほしいならダイレクトにお願いしてみよう

やりがちだけど、なるべくしたくないこと

✖何度もしつこくエプロンをつける
✖「いつもこぼすんだからつけなさい！」と叱る
✖服が汚れたら、「もう、だから言ったでしょ！」と怖い顔をする

親として知っておきたいこと

エプロンをつけてくれず、予想通りに服が汚れたら「もう、だから言ったのに！」と言いたくなりますよね。でも、この「もう」と「だから」という言葉を、みなさんが言われたらどんな気持ちになるでしょうか。「もう、だから白い服はダメって言ったでしょ！」と言われたら「ムカッ！」としませんか？ **私たち親は、かなりの頻度《ひんど》で子どもたちに「もう」「だから」を使っています。** 意識的に使わないようにしましょうね。

イヤイヤ期専門保育士の対処ワザ

みなさんが食事で一番大切にしていることは何ですか？ もし「エプロンをすること」なら、何が何でもエプロンをつけさせるでしょうが、きっと違うはずです。**エプロンをつける・つけないで食事が楽しくなくなるのは実にもったいない。**「エプロン、イヤ」と言うのなら「エプロンがイヤなのね」とオウム返しでお子さんの言葉を認め、そのまま食べさせましょう。

つけてほしいのなら、「エプロンをつけてくれたら、服が汚れないからママ助かるわ」とダイレクトにお願いしてみてください。「エプロンつけなさい！」と感情的に言われるより、お子さんは素直に耳を傾けてくれますよ。

2章

ごはんのイヤイヤ 014

器を触ると嫌がる

イヤイヤ対処ワザ

前もって「触る」と宣言してから触ろう

やりがちだけど、なるべくしたくないこと

× 無言で器を移動させる
× ママの手を払いのけるので、「どうしてそんなことするの！」と言う
× 机の端に置いていた器が落ちたら、「ほら、だから言ったでしょ」と言う

親として知っておきたいこと

机の端っこにある器が落っこちそうなので移動させたら、子どもは迷惑そうな顔で「やめて！」とママの手をはねのける。その勢いが強ければ、器まではねのけられて中身がこぼれる――この時期にはよくあることです。ママはよかれと思って移動したのでしょうが、子どもとしては夢中で食べている時に邪魔された気分になっているのかもしれませんよ。

イヤイヤ期専門保育士の対処ワザ

子どもが食べている世界に合わせつつ、前もって「ごはん、おいしいね。お茶碗が落ちそうだから少し動かすね」と宣言してから移動させます。**伝えながら移動させるのではありませんよ。伝え終わって子どもが聞いていたことを確認してから移動させます。**今、自分が使っているものを、声かけなしに急に動かされると、大人だってビックリしますよね。**子どもだから声かけが必要ないことなんてない**のです。

もし手をはねのけられ、中身がこぼれた時は「危ない」ときちんと伝えます。そして、こぼれたごはんを「どうしたらいいかな？」「テーブルにこぼれたごはん、拭《ふ》こうか？」とお子さんと一緒に考えながら片づけましょうね。

ごはんのイヤイヤ 015

ごはん中なのに歩き回る

イヤイヤ対処ワザ

感情的にならず、淡々と食卓に連れ戻すことを繰り返そう

やりがちだけど、なるべくしたくないこと

×追いかけて食べさせる
×「お行儀が悪いよ。ちゃんと座りなさい！」と叱る
×自由にさせて食卓に戻ってきたら食べさせる、を繰り返す

親として知っておきたいこと

「家では歩き回って食べることがあるのですが、私の保育園ではどうですか？」と聞かれたら、私の返事は決まって「座っていますよ」です。園では「食事の時は座る」というルールがあります。おうちでも、同じはずです。でも、園では追いかけて立ったまま食べさせたり、自由に歩き回らせたりはしません。それをOKにしたら、子どもは「歩きながら食べてもいい」と思ってしまうからです。

イヤイヤ期専門保育士の対処ワザ

まずは食べ物での窒息《ちっそく》事故を予防するためにも、歩きながら食べるのはやめさせましょう。子どもが食事中に歩いたら、「座ります」とテーブルに連れ戻します。一口食べてまた歩き回るなら、もう一度「座ります」と座らせます。この時のポイントは、淡々とテーブルに連れ戻すことです。例えば「お行儀が悪い！　座りなさい！」と感情的に叱ったり、「待て待て〜」と楽しく追いかけたりすると、「あ、反応してくれた！　うれしい！」と何度でも繰り返し歩き回ります。余計な感情を込めることなく、淡々と食卓に連れ戻す。ただ、その繰り返しです。

しつけは自立の力をつけていくこと。守るべきルールの枠組みは大人が示してあげましょうね。

ごはんのイヤイヤ 016

スプーンを使えるのに手づかみ食べばかりする

少年よ
左手にもって
いるのは
なんだい?
アーン

イヤイヤ対処ワザ

手づかみでも食べている意欲を認め、「スプーンで食べてほしい」と具体的に伝えよう

やりがちだけど、なるべくしたくないこと

✖「赤ちゃんじゃないんだから手づかみで食べちゃダメ！」と注意する
✖「お行儀悪い！」と手づかみする手をパシッと叩く
✖「ちゃんと食べなさい」と注意する

親として知っておきたいこと

1歳頃からスプーンを使って食べる機会が増え、2〜3歳頃になると食事の大半をスプーンやフォークで食べられる子が増えてきます。とはいえ、好きな食べ物の時やめんどくさい時などは、手づかみ食べをする子もいます。まだまだ子どもによって、手づかみ食べとスプーン食べを併用している時期なので、「成長が停滞しているのでは？」と心配する必要はありませんよ。

イヤイヤ期専門保育士の対処ワザ

大人のものさしで考えると、手づかみ食べは「お行儀が悪いこと」。でも、子どもの立場で考えると、手づかみ食べはついこの前まで認められていた「食べるためのツール」。子どもにとっては当たり前のことなのです。まずは、手づかみでも、食べているという意欲を認めてあげましょう。スプーンで食べてほしいなら、「ちゃんと食べなさい」とぼんやりした言い方ではなく、「スプーンで食べてほしいな」と言います。

いろいろな場面で「ちゃんと」を使ってしまいがちですが、具体的な言葉にしたほうが子どもに伝わりますよ。

「もうすぐ3歳だから、お行儀よく」は親の理想です。子どもは「まだ3歳」なので、手っ取り早く食べたい意欲が勝っているのですね。

ごはんのイヤイヤ 017

自分で食べようとしない

イヤイヤ対処ワザ

子どもの甘えたい気持ちを、全面的に受け入れてOK

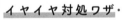

やりがちだけど、なるべくしたくないこと

×「もう、赤ちゃんみたいね！」と言いながら食べさせる
×「保育園では自分で食べているんでしょ？」と言う
×「2歳なのに、おかしいよ」と言う

親として知っておきたいこと

お子さんが親に食べさせてほしい時は、きっと「甘えたい」何かがあるのでしょう。園では自分で食べているのに、家に帰ると「ママ、食べさせて」とすべてをママにゆだねる子もいます。ママと会えてうれしくて、ただ甘えたいだけなのに「赤ちゃんみたい」と言われると、子どもはきっと「そうじゃないんだけどなあ」と思うことでしょう。

イヤイヤ期専門保育士の対処ワザ

みなさん、「2歳なんだから自分で食べるべき」という親の理想にとらわれていませんか？　まだ2歳なので、もっと柔軟に考えても大丈夫ですよ。**親が食べさせることで成長が後退することはないので、子どもの甘えたい気持ちを全面的に受け入れてあげてください。**親が全力で受け入れてくれれば、子どもはうれしそうにごはんを食べるでしょう。ただ、ずっとではなく、頃合いを見て「自分で食べてみる？」と誘ってみてください。**「自分で食べなさい」ではなく、「自分で1回食べてみる？」と聞く**のがポイント。1回と言われると、「ああ、1回くらいなら自分で食べようかな」と食べる子や、そのまま勢いづいて最後まで自分で食べる子もいますよ。

ごはんのイヤイヤ 018

苦手な食材をわざわざ取り出す

イヤイヤ対処ワザ

苦手なものは食べなくてもいいが、食卓に出してその存在を見せ続けよう

やりがちだけど、なるべくしたくないこと

✖「せっかく小さく切ったんだから食べなさい」と文句を言う
✖「好き嫌いはやめなさい」と注意する
✖「もう食べなくてもいいよ！」と器を取り上げる

親として知っておきたいこと

苦手な食材を食べやすいように細かく刻んで入れているのに、すべて取りのぞく子がいます。好き嫌いなく食べてほしいでしょうが、それは親の理想。食べたい食材と苦手だなと思う食材があることは、味やにおい、食感などを見分けているとも言えます。ぶっちゃけ苦手な食べ物がいくつかあっても、生きていく上で、そう問題になることはありませんよ。

イヤイヤ期専門保育士の対処ワザ

給食に入っている苦手な食材を一つひとつ丁寧《ていねい》に取り出す子どもの姿を見ていると、「なんて器用なんだろう」といつも感心します。苦手なら取り出させてもいいし、食べなくてもいいのです。それを食べないがために、叱られて泣きながら食べるよりも、家族で楽しく食べる食事のほうが心の栄養になります。

親ができることは、苦手な食べ物も食卓に出して、その存在を見せ続けることです。**食卓に上がらなくなると、「苦手な食材」ではなく、「知らない食材」になってしまう**からです。ちなみに、私の子どもが苦手なきのこを食べられるようになったのは小学3年生の頃。いつか食べられるようになるかもしれない未来のために、気長に出し続けてみましょうね。

ごはんの
イヤイヤ
019

ひとまず「いらない」と言う

いらないっ
(わけではない)
もう
たべなくて
いいっ
(わけではない)
なんなんだ
この時間

イヤイヤ対処ワザ

「いらない」を文字通りに受け止めず、淡々と対応しよう

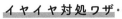

やりがちだけど、なるべくしたくないこと

×「じゃあ、食べなくていいよ」と言う
×食事を下げる
×「またそんなこと言って。ほしいくせに!」と言う

親として知っておきたいこと

結局食べるのに、ひとまず「いらない」と言うのはなぜでしょう? 実は、この**「いらない」は〝あいさつ〟**みたいなものです。つまり「おはよう! わたしはここにいるよ」と主張しているのです。「いらない」と言わなかったら、スムーズに事が運ぶのに…と思われるでしょうが、スムーズに事が運んではいけないと思っているのが子ども。今よりもっと親に注目してほしいからこそ、「いらない」と言うのです。

イヤイヤ期専門保育士の対処ワザ

ひとまず「いらない」と言う子へは、「そう〜いらないのね〜」と淡々と対応します。そして「今日は大好きなかぼちゃだよ」などと話を先に進めましょう。ここで重要なのは、「いらない」の語意に目を向けないことです。

イヤイヤ期は、嫌がる言動や困る部分に目がいきがちですが、**普段の何気ない時に、お子さんが当たり前にできていることに目を向け、具体的にほめてあげてください。**「一人でズボン履けたね!」「元気に走っているね!」「お! 力強く線が描けたね」というように。「ママはいつもわたしを見てくれている」と思ったら、ひとまず「いらない」と言う必要がなくなります。だまされたと思って、やってみてくださいね。

ごはんのイヤイヤ 020

「もっと食べたい！」と駄々をこねる

イヤイヤ対処ワザ

「もっと食べたい」という気持ちに共感しながら「ごはんはもうない」と伝え、話題をずらそう

やりがちだけど、なるべくしたくないこと

✖納得するまで食べさせる
✖食後にオヤツを食べさせる
✖「あんまり食べると太るよ」と体重を気にしすぎる

親として知っておきたいこと

食欲旺盛《おうせい》なのは結構なことです。ただ、おかわりしても足りず、「もうおしまい」と言うと、ひっくり返って怒る状況が毎食続いては、さすがに疲れますよね…。**幼児期の前半は、まだ脳の満腹中枢《まんぷくちゅうすう》が発達していません。だから食べたい気持ちに従って、ついたくさん食べてしまうのです。**ただ、一般的には4〜5歳頃になると落ち着いてきます。もし、「うちの子、食べすぎでは？」と心配になったら、①食後の体調はよいか？　②身長・体重の成長曲線は標準の枠内か？　この2つをチェックしてみてくださいね。

イヤイヤ期専門保育士の対処ワザ

まずは「もっと食べたかったんだね」と共感します。次に、たとえ残っていても、ごはんはもうないと伝えます。**「おかわりは2回まで」など、おかわりルールを決めてもいいでしょう。**そして「もっと食べたかったんだね。おいしかったね」と共感し続けます。子どもの様子を見つつ、「〇〇ちゃんのお腹、ポンポンだね！いっぱい食べたもんね」などと話題をずらし、笑顔が出てきたら「さあ、歯磨きしよう！」と他のことに誘います。たくさん食べたい子には、食後のオヤツではなく、野菜中心に量を増やして満足させるなど食事内容の改善も手ですよ。

ごはんのイヤイヤ 021

スプーンもままならないのにお箸で食べたがる

イヤイヤ対処ワザ

箸を使いたいならチャレンジさせ、親がお手本になってどの食具を使えば食べやすいか伝えよう

やりがちだけど、なるべくしたくないこと

✕「こぼすからやめて！」と言ってお箸を取り上げる
✕「スプーンじゃないと食べさせないよ」とお箸を隠す
✕お箸の使い方を懸命に教える

親として知っておきたいこと

スプーンでもまだ食べこぼしをするのに、スープだろうが何だろうが関係なく箸を使いたがるのが子どもです。箸《はし》だと当然こぼれるので、口の中にどれだけ入ったか分かりません。どうにかスプーンを使わせたいところですが、箸を使える自分が「素敵！」と思っている（実際は使えていないが…）ので、子どもの気持ちを尊重することが基本ですよ。

イヤイヤ期専門保育士の対処ワザ

箸を使い始める目安は、スプーンの下手《したて》持ちでごはんを食べられるようになった頃です。ただ、子どもが箸で食べたいなら、たとえスープだとしてもチャレンジさせてみます。その際、「器に食事全量を入れない」こと。あくまでお箸の練習用として盛りつけます。お箸でチャレンジした上で、「コーンスープはスプーンだと食べやすいから使ってみる？」と、さりげなく誘います。親がコーンスープを食べてみせて、「スプーンだと食べやすいよ！」と子どもに興味を向けさせてもいいでしょう。**どのメニューにどの食具を使うといいか、親がお手本を伝えていけばいい**のです。

お箸を使う時の約束は、子ども用を使うことと必ず大人がそばで見守ることですよ。

2章

ごはんのイヤイヤ 022

大人の食べ物をほしがる

イヤイヤ対処ワザ

大人しか食べられないものは、「子どもは食べられない」ときちんと伝えよう

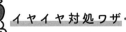

やりがちだけど、なるべくしたくないこと

- ✖「これは、パパとママのごはん」と長々と説明する
- ✖「これ、まずいのよ～」とまずい顔をする
- ✖要求に負けて食べさせる

親として知っておきたいこと

子どもは、自分が食べている食べ物より、大人の食べ物に興味を抱きがちです。特に、味つけが濃い、脂《あぶら》っこい、辛い、生ものなど、まだ子どもには食べさせたくないメニューの時ほど五感が発動します。なぜだか分かりますか？　それは、ママやパパがとってもおいしそうに食べているからです。**子どもが大人の食べ物をほしがるということは、食に興味を持っているということ。**ここは、ひとまず喜びましょうね。

イヤイヤ期専門保育士の対処ワザ

大人しか食べられない食べ物は、「子どもは食べられない」ときちんと伝えて食べさせないようにします。食べさせ方を間違えば、時には命に関わることもありますので、「大人じゃないと食べられない」と真剣に伝えてください。親が「辛い」「まずい」と言うことで食べない子もいるでしょうが、それでも食べたがる子もいます。そんな場合は**「子どもの前では食べない」を徹底してください。**食べる時はこっそり食べるようにしましょう。

大人と子どものメニューが明らかに違うと、ほしくなるものです。子どもが食べられるものに大人が合わせて、見た目にあまり差異がないメニューを用意する工夫をしてみましょう。

ごはんのイヤイヤ 023

食べ残しを食べると大号泣

イヤイヤ対処ワザ

結局残したとしても、食事が完全に終わるまで手を出さないようにしよう

やりがちだけど、なるべくしたくないこと

×「さっき、食べないって言ったでしょ！」と怒る
×「早く食べないからよ」と突き放す
×「勝手にしなさい！」と言ってしばらくほっておく

親として知っておきたいこと

食べるのをやめたお子さんに「まだ食べる？」と聞くと、「食べない」と言うので、親が食べると「食べたかったのに!!」とひっくり返って大泣き！　親としては「食べないって言ったくせに…」と思いますが、**子どもの立場で考えると「食べない」は「今は食べない。後で食べるなのかもしれません。**まあ、それでもだいたい残しがちですけどね…。

イヤイヤ期専門保育士の対処ワザ

子どもとしては、予告なしに親が食べてしまってイヤな気持ちになったのかもしれません。

ポイントは、食事が完全に終わるまで子どもの食べ物に手を出さないこと。

まず、声かけを変えてみましょう。**「食べる？」ではなく、「ごちそうさまする？」と聞きます。**お子さんが「ごちそうさま」をすれば食事終了なので、次の行動に移ることができます。

もし、子どもの食べ残しを親が食べて泣かれてしまった場合は、「食べたかったんだね！食べちゃってゴメンね！」と素直に謝ります。今は食べないが、後で食べるかもしれないという可能性を念頭において、本当に食べてもいいのかを確認しましょうね。

2章

ごはんのイヤイヤ 024

オヤツの時間じゃないのにお菓子を食べたがる

もうすぐ昼ごはんだよっ
おせんべたべるねー
これ朝ごはんのデザートなのよっ

イヤイヤ対処ワザ

食べたい気持ちを受け止めてから、「食べるけど、今じゃない」ことを伝えよう

やりがちだけど、なるべくしたくないこと

×泣かれて根負けしてお菓子を与える
×「ダメ！　ごはんの後ね」と言う
×「そんなにお菓子ばっかり食べてたら虫歯になるよ！」と脅かす

親として知っておきたいこと

みなさんもおいしいチョコレートを買ったら、早く食べたいですよね。大人は「3時頃に食べる」「ごはんの後に食べる」などタイミングを決められますが、子どもはそうではありません。「今食べたい！」と思ったら今なのです。「お菓子がほしい」と泣かれると、根負けして与えてしまうこともあると思いますが、**生活習慣や口内環境を考えると、やはりお菓子はだいたい決まった時間に与えるほうがよい**のです。

イヤイヤ期専門保育士の対処ワザ

オヤツを与える理想の時間帯は、朝食と昼食の間、昼食と夕食の間です。問題はそれ以外のタイミングにほしがった時です。「ダメ！　3時まで待って」と否定されると、拒絶された感が強いので子どもは余計に食べたくなります。まずは、「お菓子食べたいのね」と気持ちを受け止め、「オヤツの時間に食べようね」と伝えます。泣いたら抱っこして、「食べたかったね」と繰り返しましょう。**親が「今じゃない」と決めたなら、子どもに負けないでください。**

お菓子の問題はこの先も続くので、今から親主導でお菓子を含めた食習慣を作っておきましょう。たまには、「今日は一口だけ食べようか！」なんて特別日を作ってももちろんOKですよ。

おきがえのイヤイヤ 025

着替えを自分でしたがる

イヤイヤ対処ワザ

親は一歩後ろに引いて、さりげなくサポートしよう

やりがちだけど、なるべくしたくないこと

×時間がないので、無理やり着せる
×「早く着替えなさい！」と言う
×「やっぱり無理でしょ！　ママがするから貸して！」と言う

親として知っておきたいこと

「じぶんで！」と言うものの結局できず、ママが手伝うと嫌がって泣いてお手上げ状態になる――よくある光景ですよね。この**「じぶんで！」は、自立への一歩を踏み出している証です。自分の思い通りにしてみたいけどまだできない子どもの姿を、口を出さずにじっと待つことで心の成長につながります。**自分でできるようになりたくて一生懸命なお子さんの様子を、ほほえましく見守りましょうね。

イヤイヤ期専門保育士の対処ワザ

まず、お子さんの「じぶんで！」の気持ちを受け止め、どこが難しくてつまずいているかを見守ります。ボタンがなかなか留められないなら、「ママと一緒にしよう」ではなく、「少しお手伝いしようか？」と聞くほうが「うん」と言ってくれます。なぜなら、子どもはママと一緒ではなく、自分で着替えたいからです。

ズボンが腰まで上がりにくい時は、気づかれないようにおしり側をそっと持ち、子どもが上げるタイミングに合わせて引き上げます。ほとんど親御さんがしていたとしても、「自分で着替えられたね！」と自信をつけさせます。一歩後ろに引いてさりげなくサポートをしながら、親としてお子さんの自立を見守りましょうね。

おきがえのイヤイヤ 026

なぜか前後ろ反対にズボンを履いてしまう

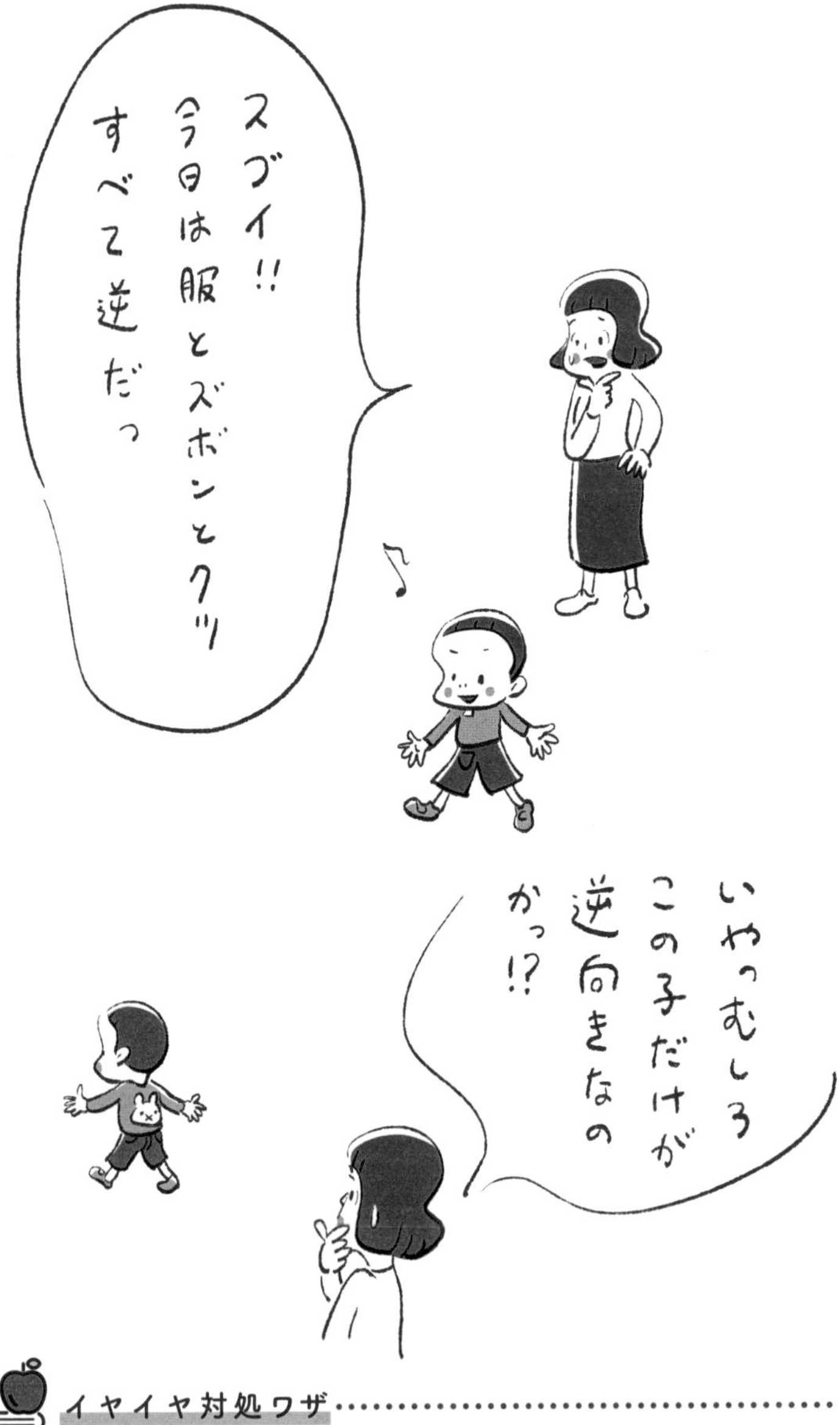
スゴイ!!
今日は服とズボンとクツ
すべて逆だっ
いやっむしろ
この子だけが
逆向きなの
かっ!?

イヤイヤ対処ワザ

誰にも迷惑がかからないので、そのままでOK

やりがちだけど、なるべくしたくないこと

- ×子どもが嫌がるのに履き直させる
- ×「また、反対だよ！」と言う
- ×「向きが違うよ」と着替えの途中でついつい手伝ってしまう

親として知っておきたいこと

せっかく自分で履けたのに、ズボンが前後ろ《まえうしろ》反対だと親御さんはガックリするかもしれません。「きちんと履き直そう」と言っても、お子さんは「イヤ！」と断固拒否しがち。反対向きに履こうとしていると、とっさに「向きが違うよ」と言いたくなりますが、それでは子どものやりたい気持ちが萎縮《いしゅく》するので気をつけましょう。

イヤイヤ期専門保育士の対処ワザ

なぜか男の子に多いズボン前後ろ反対案件。園では毎日のように、男の子たちは安定の「ズボン前後ろ反対」で過ごしています。ズボンを履いたら「ズボン履けたね！」と声をかけ、「前後ろ反対だけど履き直す？」と聞きます。「うん」なら履き直し、「イヤ」ならそのまま。だって、ズボンが前後ろ反対でも、誰にも迷惑がかからないからです。**ちゃんとできたかどうかではなく、「自分で履けた」という体験が大切。**後でトイレでズボンを履く時などに、「ポケットが後ろだね」と教えてあげればいいのです。「今すぐに、正さなければいけない！」と思わず、気長に対応してください。ちなみに、私の息子は中学生になっても、ジャージのズボンはよく前後ろ反対に履いていました。きっと、親とは気になるポイントが違うのでしょうね。

おきがえのイヤイヤ027

親が着せようとする服は断固拒否！

イヤイヤ対処ワザ

子どものコーディネートを潔く認めた上で、アレンジを提案しよう

やりがちだけど、なるべくしたくないこと

×子どもの意に反した服を強引に着せようとする
×「その服なら、お出かけしないよ!」と怒る
×「こっちのほうがいいよ!」と言って親が着せたい服を勧める

親として知っておきたいこと

「お出かけだから、これを着てほしい」と思って親が選んだ服は断固拒否し、自分で服を選びたがるのがイヤイヤ期の子どもです。子どもが選ぶものですから、全身ピンクや全身シマシマなんてこともあるでしょう。まず注目すべきところは、自分で服を選ぶことができて「どう?素敵でしょ?」と満足しているお子さんのかわいい姿です。親と子どもは違う生き物ですから、感覚も趣味も違って当然と考えましょうね。

イヤイヤ期専門保育士の対処ワザ

自分でコーディネートしたい時期は、親の選ぶ服は断固拒否に決まっているので、潔くあきらめましょう。だって、親御さんが着せたい服を着せるためには、膨大なエネルギーが必要となるからです。そんなことに大切なエネルギーを使うくらいなら、お子さんが着たい服を着せてあげるほうがずいぶんラクチンです。「わあ、ピンクのお洋服素敵ね!」とほめてあげましょう。**ほめたら子どもは喜ぶので、ここから交渉開始。せめて上着や小物だけでも、親の意見を取り入れてもらえばいいのです。**「コレなんかかわいいよ」と、子どものコーディネートを何となく隠せるアイテムを用意し、勧めてみましょうね。

おきがえのイヤイヤ 028

家では裸族になりたがる

王様!! バカにおちんちんを見られてしまいますっ
バカには見えない服じゃっ

イヤイヤ対処ワザ

「服を着てから遊ぼうね」とだけ伝えて抱っこして待とう

やりがちだけど、なるべくしたくないこと

× 「ちゃんと服を着なさい！」と言って追いかける
× あきらめて放置する
× 「風邪ひくよ」「恥ずかしいよ」など矢継ぎ早に声かけをする

親として知っておきたいこと

家にいる時は「服を着ない！」と決め込んですべて脱ぎ捨て、すっぽんぽんで遊び始める裸族くん。せめてパンツだけでも履いてほしいけど、履かせようとすると怒ってのけ反《ぞ》ります。きっと裸になると、何とも言えない解放感があるのでしょう。服を着るのは大人の世界の常識。子どもにしてみたら、「なんで裸じゃ、ダメなの？」と思っているのかもしれませんね。

イヤイヤ期専門保育士の対処ワザ

裸で過ごしたがる子には「裸は気持ちいいよね。でも服を着てから遊ぼうね」とだけ伝えます。そして服を着るまで、その場で子どもをヒザに抱っこして待ちます。きっと何度も裸で遊びたがるでしょうが、そのたびに「服を着てから遊ぼうね」と伝えます。この時、**「風邪ひくよ」「恥ずかしいよ」などと矢継ぎ早に言うと、子どもは考える余裕がなくなって混乱し、何をすればいいかわからなくなります。**だから、**お子さんにしてもらいたい必要最低限の言葉だけかけて待ちましょう。**子どもは、抱っこされたままじっと考え、納得したら「仕方ないな」と服を着始めます。もし裸族の対応に疲れたら、パパに選手交代してママはいったん休憩することも必要ですよ。

おきがえのイヤイヤ 029

着替えそのものを嫌がる

うんとこしょ
どっこいしょ
まだまだ
ズボンは
ぬぎません

イヤイヤ対処ワザ

着替えたくない気持ちを受け止めてから、2種類の服を見せて選ばせよう

やりがちだけど、なるべくしたくないこと

- ×無理やり服の着脱をさせる
- ×「そんなにイヤイヤ言うなら、パパ（ママ）に叱ってもらうからね！」と驚かせる
- ×「勝手にしなさい！」と怒る

親として知っておきたいこと

着るのも脱ぐのも、とにかく着替えが大嫌い。かたくなに服を脱ぎたがらず、のけ反ります。やっと脱がせたと思ったら、今度は袖《そで》に腕を通した瞬間にタコのようにスルッと抜いて着てくれません。着替えにいつもの倍以上の時間がかかり、親子でクタクタになります。「着替えなさい！」と意地にならず、子どものイヤイヤが始まったら、エネルギーをムダづかいしないことが鉄則ですよ。

イヤイヤ期専門保育士の対処ワザ

着替えを嫌がる場合は、無理やり着せずにひざに抱っこして「着替えたくないのか。そうか」とお子さんの気持ちを受け止めましょう。この時もあれこれ言いたくなるかもしれませんが、**子どもの気持ちが整理できるまで意識的に口を閉じ信じて待ちます。**子どもが落ち着いたら、服を2種類見せて「どっちがいい？」と聞いてみてください。子どもが「こっち」と選べば大成功！　気分が変われば、意外とすんなり着替えてくれるものです。

「イヤイヤ」言うのは脳に組み込まれた成長のステップです。命を守るために機能している本能的な賢さですので、**親御さんは子どもの感情に飲み込まれないように落ち着きましょうね。**

おきがえのイヤイヤ 030

「この服じゃないとイヤ！」とかたくなな態度

オレはこれでいくっ
この新しい服ステキだな〜
チラチラ
ママがもらっちゃおうかな〜
パッ
パッ

イヤイヤ対処ワザ

たとえヨレヨレな服でも、子どもの気持ちを尊重して着せてあげよう

やりがちだけど、なるべくしたくないこと

✖「また、それ着るの?」とイヤな顔をする
✖「この子、こだわりが強すぎるんじゃない?」と心配する
✖「あまりカッコよくないよ」と言う

親として知っておきたいこと

お気に入りの服にこだわるあまり、サイズアウトしてピチピチでも、破れていても毎日着たがることがあります。「こっちの服のほうがいいはず」と思うのは、あくまで親の気持ち。それはそっと横に置いて、許せる範囲であれば子どもの選択を尊重しましょうね。

イヤイヤ期専門保育士の対処ワザ

「こだわりが強すぎるのでは?」と心配することもあるかもしれませんが、**今の段階で大切なのは子どものペースが尊重されていること**です。お子さんが安心を感じながら過ごせる環境を整えてあげましょう。

もし、お気に入りの服を洗濯している場合は、「洗濯しているから待ってね。明日着られるよ」と言います。そして洗濯して服をキレイにすることが、衛生を保つためには大切なことであると伝えます。

どうしてもお気に入りの服を着てほしくない時は、「今日は大切な用事があるから、この服を着てほしい」とお願いします。それでも、「お気に入りの服じゃないとイヤ!」と言うなら〇Kを出し、お気に入りの服の上に親御さんが着せたい服を着せるなど工夫してみましょうね。

3章

おきがえのイヤイヤ 031

「ママ、着替えさせて」と丸投げ状態

イヤイヤ対処ワザ

着替えさせてほしい時もあると考え、子どもの気持ちを受け止めてあげよう

やりがちだけど、なるべくしたくないこと

×「自分で着れるでしょ！」と言う
×励ましのつもりで「赤ちゃんじゃないでしょ！　もう、お姉ちゃん（お兄ちゃん）でしょ！」と言う
×「○○ちゃんのカッコいいところ見たいなあ！」と励まし続ける（結局してくれない）

親として知っておきたいこと

自分で着替えられるはずなのに「ママがして！」と、子どもは着替える気ゼロ。全力でほめても励ましても子どものエンジンは全くかからない――これまでできていたことをしなくなったら、何だか成長が後戻りしている感じがして不安になるかもしれませんね。でも、お子さんも毎日がんばっています。ママにすべてをお願いしたい日もあるのです。

イヤイヤ期専門保育士の対処ワザ

「ママ、着替えさせて！」なんてかわいいことを言ってきた時は、素直にお子さんの気持ちを受け止めてあげてください。自分で着替える日もあるし、ママに着替えさせてもらう日もある、というだけです。

子どもが自分で着替えようとしているのに、すべて手伝うのは過干渉ですが、「着替えさせてほしい」と言っているなら、そうではありません。**親御さんが自分の気持ちを受け止めてくれたら、お子さんは愛情のバケツを満タンにすることができます。**心が満たされることで、「よし、自分で着替えるぞ！」という気持ちを育みましょう。「人生で、あと何回〝ママ、着替えさせて〟なんて言うかしら！」と思って、楽しみながら着替えさせてあげてくださいね。

おきがえのイヤイヤ 032

服が少し汚れたくらいで「もう着替える！」と宣言をする

イヤイヤ対処ワザ

「これくらい何てことないさ～」と安心させながら、子どもの要望を受け入れよう

やりがちだけど、なるべくしたくないこと

×服を脱がせまいとする
×「また？　ママ困るんだけど」と言う
×「あなた、神経質ね！」と言う

親として知っておきたいこと

食事中にほんの一粒のお米や、手洗い時に一滴のお水が服についただけなのに、「着替える！」と言って聞かないことがあります。汚れた場所も目立たないし、大したことではないので、親としてはできれば着替えてほしくありません。でも、子どもにとっては〝大したこと〟なのだと受け止めてあげてくださいね。

イヤイヤ期専門保育士の対処ワザ

服にちょっと水がついただけでも、お子さんが「着替えたい」と言ったら、「水は乾かせばまた着れるし、米粒は取りのぞけば大丈夫。濡れても汚れても、こうすれば大丈夫なんだよ」と教えて、安心感を与える声かけをしましょう。

それでも嫌がるなら着替えます。「神経質なんじゃないの？」などと言うと、言葉は知らなくても親の雰囲気で意味は何となく伝わるものです。そうすると、子どもも「何が何でも着替えてやる！」と意地を張ります。

親にとって困ってしまう子どもの言動は、注目しすぎないほうがスムーズに事が進みます。ですので、「着替えるのはもったいない！」と大げさに反応せず、「これくらい何てことないさ～」くらいの反応で安心させつつ、さりげなくお子さんの要望を受け入れましょうね。

\おきがえ/
の
イヤイヤ
033

冬なのに上着を着てくれない

イヤイヤ対処ワザ

上着を着たくない気持ちを尊重しつつ、子どもの健康を守ろう

やりがちだけど、なるべくしたくないこと

- ✖ 無理に着せようとする
- ✖「いらない」と言うので上着を持っていかない
- ✖「風邪ひいても知らないわよ！」と言う

親として知っておきたいこと

極寒《ごっかん》の冬だというのに、お出かけの時に上着を着てくれない。「風邪ひくから上着を着て！」と言っても断固拒否――困りものです…。ただ、今を生きている子どもにとって、「着ない」は「今すぐには着ない。でも後で着るかも」という可能性があります。やはり寒い日の上着は必須アイテム。最初に子どもに言われた「いらない」を鵜呑みにして、上着を持っていかないなんてことはしないでくださいね。

イヤイヤ期専門保育士の対処ワザ

上着を着る・着ないで大騒ぎになるくらいなら、ママがあきらめましょう。ひとまず、「着たくないものは着たくない」というお子さんの気持ちを受け止めます。**「分かった、今は着たくないのね。ママが持ってるね！」と言い、外出したらその都度、子どもの様子を見守ります。**そして、子どもの表情や様子、唇《くちびる》の色などを見つつ、「寒いんじゃない？ 上着、着ようか」と声かけをしましょう。

大人と子どもでは、温度の感じ方も公園などで遊ぶ時の活動量も違います。もしかすると本当に寒くないのかもしれません。上着を着せたいなら、中に着ている服を1枚減らすか、薄手の上着を着せるなど工夫してみてください。

4章

＼おトイレ／
の
イヤイヤ
034

トイレに座るのを嫌がる

イヤイヤ対処ワザ

潔く「トイレトレーニング一時休憩」を宣言しよう

やりがちだけど、なるべくしたくないこと

×意地になってトイレに座らせようとする

×「もうお兄ちゃん（お姉ちゃん）になったんだから、トイレでおしっこするのよ」と諭す

×「〇〇ちゃんはできてるよ！」と友達を引き合いに励まそうとする

親として知っておきたいこと

順調にトイレトレーニングが進んでいたのに、突然トイレがイヤになることがあります。園で見ている限り、ほとんどの子にこのような時期がやってきます。これまでできていたことが急にできなくなると、成長が後退しているように思え、心配になるかもしれません。でも、そんな時こそ、潔く子どもを受け入れましょう。

イヤイヤ期専門保育士の対処ワザ

子どもは、三歩進んで二歩下がるように少しずつ成長します。トイレに座るのを拒否しているのなら、二歩下がる時期だと考えてください。

無理強いしても悪化するだけですから、ここは潔く「トイレトレーニング一時休憩！」と宣言しましょう。トイレに行く・行かないでヘトヘトになるくらいなら、紙おむつで排泄《はいせつ》するほうが親子ともに精神的によいものです。しばらく紙おむつで安心して排泄する経験を味わってから、トイレトレーニングを再スタート。まずは1日1回から誘ってみましょう。

当園でも、「お兄ちゃん座りしてみよう」と言って、大人の便器に直接座らせて「トイレ、イヤ！」を解消できたことがあります。このような感じで、お子さんにヒットする方法を探してみてくださいね。

おトイレのイヤイヤ 035

「おしっこ！」「うんち！」と教えてくれるけど、パンツの中でしてしまう…

イヤイヤ対処ワザ

もらしたことより、スッキリすることに目を向けさせ、一日の生活の節目に誘ってトイレのリズムを作ろう

やりがちだけど、なるべくしたくないこと

✖「もう…出る前に言ってよ！」と文句を言う
✖もれるのがイヤなので紙おむつを履かせる
✖「また、おもらしして！」と怒る

親として知っておきたいこと

「おしっこ！」と教えてくれるのはいいけど、いつも事後報告――「どうせなら、出る前に言ってくれ…」と思われるでしょう。トイレトレーニングは排泄を制御する力を育て、これまで30分に1回チョロチョロ出ていたおしっこを、ある程度の長い時間我慢できるようにするもの。よって「おしっこが出る前に言ってほしい」は、かなり飛び越えた成長を求めているのです。まずは、おしっこを我慢でき、誘ったらトイレに行けるようになることから始めましょうね。

イヤイヤ期専門保育士の対処ワザ

「おしっこ！」と教えてくれたら、「教えてくれて助かるわ！　おしっこが出てビショビショだね」とパンツが濡れた感覚を言葉で伝えます。そして、「着替えてスッキリしよう！」と何でもないように片づけ、次の行動に移ります。ここで、「また、おもらしして！」と怒るのは意味がありません。トイレでおしっこをした時の心地よさと、パンツが濡れる不快さの両方を経験するうちに、トイレでおしっこするほうを選べるようになります。起きた時、食事の後、お出かけ前、帰宅後、寝る前など生活の節目にトイレに誘うようにすると、だんだんトイレのリズムがついてきますよ。

おトイレのイヤイヤ
036

トイレに誘っても、「出ない」と言って拒否する

イヤイヤ対処ワザ

ひと声で誘いに乗るとは思わず、トイレ予定時間10分前からタイマーで予告して誘おう

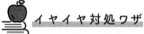

やりがちだけど、なるべくしたくないこと

×おもらしをしたら「ほら、だからトイレに行こうって言ったでしょ！」と怒る
×「もうすぐ3歳なんだから、おもらしは恥ずかしいよ！」と言う
×一度の声かけで突然遊びを中断させ、強引にトイレに連れて行く

親として知っておきたいこと

熱中して遊んでいる時に「トイレに行こう」と急に言われても、すぐに行動できなくて当たり前。大人だって熱中している時に、別の用事を言われると、「今すぐはできない。ちょっと待って！」と言いますよね。ですから、「トイレに行くよ」「はい！」と即座に返事が来ることを期待するのはやめましょう。

イヤイヤ期専門保育士の対処ワザ

イヤイヤ期の子どもは、自分の身体感覚と言葉がつながっていません。「出ない」と言っても誘い、出たら「おしっこ出たね」と言い、言葉と身体感覚をつなげてあげましょう。トイレ予定の10分前にタイマーを設定し、「ピピっと鳴ったらトイレ行こうね」と予告します。最初の声かけから2〜3回誘って動かなければ、「さあ、トイレに行くよ」と連れていきます。「トイレ電車出発！」など、トイレに行くことを遊びにすると、すんなり動いてくれやすいですよ。

おしっこが近くなってモゾモゾしているのに「出ない」と言う時は、親御さんの勘が正解のことが多いです。少々強引にトイレ前まで連れて行き、ひざに座らせて「おしっこしたくなったら教えてね」と言ってみてください。最初は嫌がっても「おしっこ」と言ってくれますよ。

おトイレのイヤイヤ 037

うんちが出たのに、パンツ替えを嫌がって逃げる

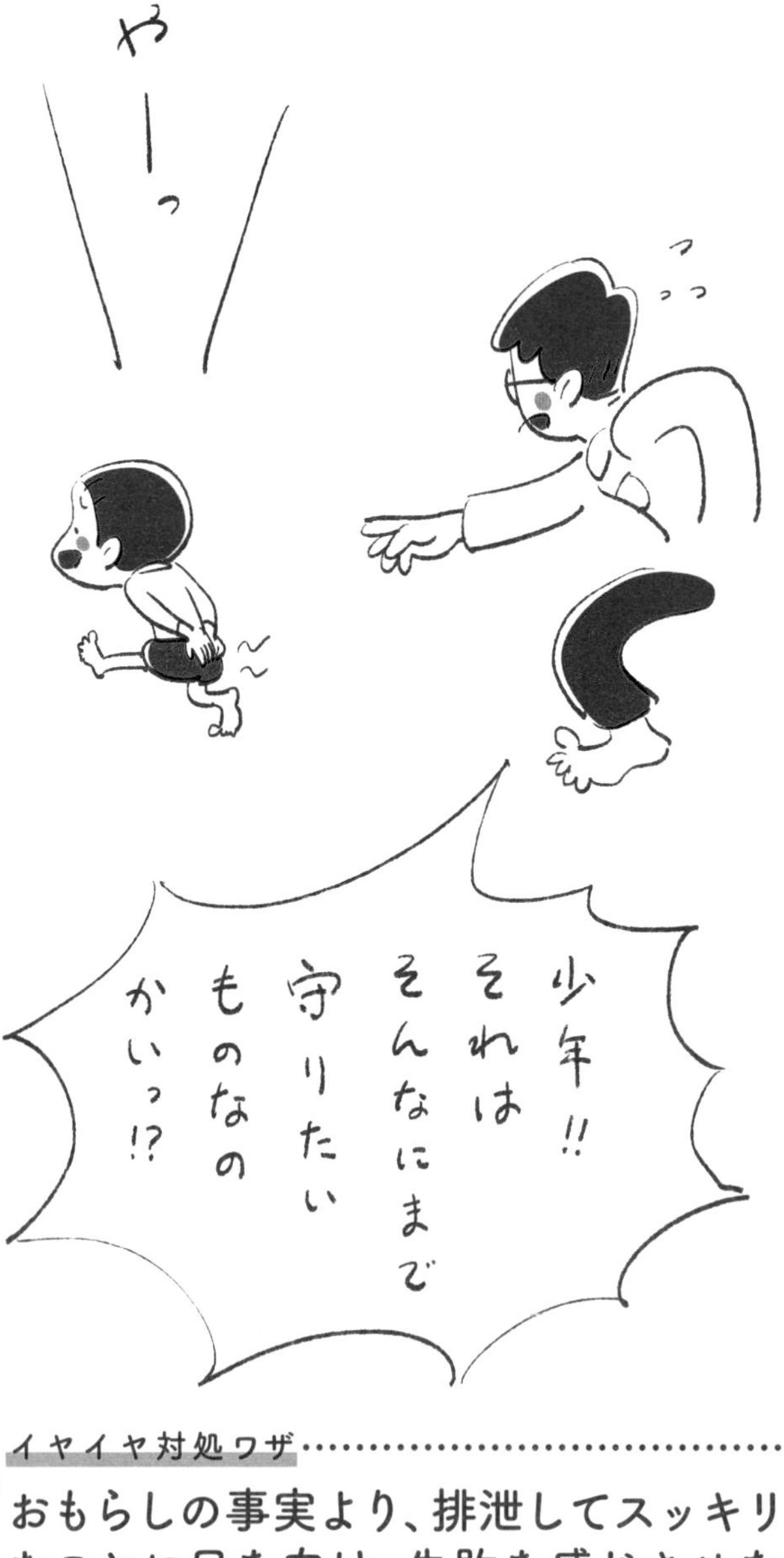
やーーっ
少年!! それはそんなにまで守りたいものなのかいっ!?

イヤイヤ対処ワザ

おもらしの事実より、排泄してスッキリしたことに目を向け、失敗を感じさせない対応をしよう

やりがちだけど、なるべくしたくないこと

× 「また、パンツにうんちしたのね!」と言う
× 「(目標にしている)プリンセスのパンツ履けないよ!」と言う
× うんちされては困るので紙おむつを履かせる

親として知っておきたいこと

うんちが出ても知らん顔して、パンツを替えさせてくれない――気持ち悪いはずなのに「どうして嫌がるの?」と思いますが、子どもは「また怒られる…」と思っているかもしれません。

ちなみに、おしっことうんちの出るメカニズムは異なるので、トイレでおしっこできるのに、うんちはできないというのは不思議ではありません。何度も経験を重ねることで、うんちを制御する力を育てていきましょうね。

イヤイヤ期専門保育士の対処ワザ

「また、パンツにうんちしたのね!」と思わず言ってしまいがちですが、**「うんちが出たね。スッキリしたね!」と快く受け入れ、キレイなパンツに着替える気持ちよさを伝える**ことに重点を置きます。叱ると子どもが「失敗した…」と萎縮するので、おもらしを受け入れ、失敗を感じさせない対応をします。

園でも、あるママさんがやる気を出させるために「トイレでうんち成功したら、プリンセスのパンツを買おう」と目標を立てました。でも、それがプレッシャーになり、その子は隠れてうんちをするように…。トイレでうんちができなくても、プリンセスのパンツを履かせて楽しくトイレに行かせてあげるといいですね。

\おトイレ/
の
イヤイヤ
038

「便座から降りない」と座り込み

降りたら
パパがだっこするよ〜
大サービス〜
トイレいきたい…
……
ぎゅっ

イヤイヤ対処ワザ

便座から無理に降ろそうとせず、ほかの話で気をそらしてみよう

やりがちだけど、なるべくしたくないこと

✖「ママ、もう行くわよ」とトイレから離れるふりをする
✖「もうおしまい」と言って無理やり降ろす
✖「ずっとトイレにいたら？」と怖がらせるためにトイレのドアを閉める

親として知っておきたいこと

トイレが好きすぎる子は、おしっこが出た後も出なくてもご機嫌で座っています。親御さんとしては「終わったなら便座から降りてほしい」と思いますが、誘っても降りてくれず座り込みがスタートです。**トイレ座り込みブームは、その時は大変ですが、結果的には一時のことなので、お子さんが満足するまで付き合ってあげましょうね。**

イヤイヤ期専門保育士の対処ワザ

便座に座ってしばらくしたら、トイレットペーパーを触ったり、後ろにもたれたりして遊び始めて降りないことがあります。この時に「降りるよ」と声をかけても嫌がるので、「トイレ、楽しいのね」と言って少し待ってみましょう。待っている間、**「今日のオヤツはね、きな粉パンだよ！」というようにお子さんが興味を引く話でトイレから気をそらすのもいいでしょう。**そうしているうちに、「おしまい」と言って自分で降りてきたりします。

「トイレから降りなさい！」と強く言うほど、「降りたくない!!」と思うものです。親子で意地の張り合いをするよりも、子どもの気持ちを受け入れて待つほうが、便座から降りる近道になりますよ。

おトイレのイヤイヤ
039

自分でトイレをするから「ママは来ないで！」と言う

あっ
おかまい
なくっ
かまわないで
済むのなら
いいのだがっ

イヤイヤ対処ワザ

つまずいているところだけを手伝って、後は見守ろう

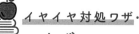

やりがちだけど、なるべくしたくないこと

✖無理やり手伝う
✖トイレを失敗したら、「ほら、やっぱり無理じゃない！」と非難する
✖「ママが手伝うって言っているのに」と言う

親として知っておきたいこと

イヤイヤ期は、お子さんの「じぶんで！」の気持ちが強くなる頃です。おしっこにも一人で行きたがります。ズボンやパンツを脱ぐのに手間取っているうちに、トイレ前でおもらしすることも…。親御さんにしたら、「私が脱がせていたら、こんなことにならなかったのに！」と思うことでしょう。

しかし、**お子さんは今できないことを自分の思い通りにできるようになるための練習をしているの**です。だからこそ、親御さんはお子さんが一人でするのを見守ってあげてくださいね。

イヤイヤ期専門保育士の対処ワザ

子どもの「じぶんで！」を受け止め、**トイレ前で「ママはここで見ているね」と言いながら、どの部分でつまずいているかを観察しましょう。**

例えば、ズボンを下ろすことはできても、足が抜けにくいなら、そこだけ手伝います。この時、何も言わずに手を出すと子どもは嫌がるので、「ママ、ここ持つよ」と言ってからズボンをさりげなく押さえます。モタモタしているとつい手伝いたくなるでしょうが、がんばって見守れば、お子さんも満足してくれます。この時期は、特に簡単に脱ぎ着ができるズボンやパンツを履かせるようにするといいですよ。

おトイレのイヤイヤ040

家を出た瞬間に「おしっこ」宣言

さあやっと出発…!!
ズルッ
おしっこ
さっき大丈夫って……
さっきは大丈夫だった!
ガチャ

イヤイヤ対処ワザ

お出かけ前のトイレは決定事項にしよう

やりがちだけど、なるべくしたくないこと

✖「だから、さっき聞いたのに！」と叱る
✖「また？　いつもそうじゃない！」と不機嫌になる
✖「もう！　何で今言うの？」と責める

親として知っておきたいこと

お出かけ前にトイレに誘っても「出ない」と言うので、そのまま家を出たら、途端に「おしっこ！」。「だからさっき聞いたのに！」と腹が立つことでしょう。また家に戻ってトイレに行くのはめんどくさいですもんね。

でも、**子どもにしてみたら、お出かけすることが楽しみすぎて、声をかけられた時の優先順位の中にトイレが入っていなかっただけ。**聞かれたことすら覚えていないかもしれません。

イヤイヤ期専門保育士の対処ワザ

家を出てから「おしっこ」と言われることが何度か続くと、「また？　いつもそうじゃない！」と言いたくなりますよね。しかし、落ち着いて「そう、おしっこなのね」と受け止め、トイレに行きましょう。

家を出てから「おしっこ」と言われなくするには、親の働きかけが必要です。とっても簡単です。"出かける前には必ずトイレに行く"を決定事項にするのです。**「おしっこは？」と子どもに確認するのではなく、「おしっこ行くよ」という決まり事にするのです。**お出かけ前は必ずトイレに行くことを習慣にするだけで、家を出た瞬間に「おしっこ」宣言の回数はぐーんと減りますよ。

はみがきのイヤイヤ 041

歯磨き中に歩く・走る

あぶないよっ
わーっ

足じゃなく
手を動かしたまえっ

イヤイヤ対処ワザ

体を張って止め、歯磨きのルールを真剣に伝えよう

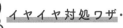

やりがちだけど、なるべくしたくないこと

×「走っちゃダメ！」と言う
×はしゃいで走る子どもを追いかける
×体で止めずに「危ない」と言うだけ

親として知っておきたいこと

子どもは歯ブラシを持ったまま歩いたり、走ったりします。「走っちゃダメ！」「危ない！」と言っても聞かず、注意すればするほど、おふざけモードになります。ここで大切なのは、**歯ブラシを持ったまま（くわえたまま）走ることは絶対にしてはいけないと知ってもらうこと**です。転んでのどの奥を傷つけたり、命に関わる事故につながったりしかねません。「あなたがしていることは、とっても危ないこと！」と伝え続けることが親の役割です。

イヤイヤ期専門保育士の対処ワザ

子どもが歯磨き中に走ったら、体を張って止めます。この時、「走っちゃダメ！」という言い方では、「ママが反応してくれた！」と大喜びして余計に走るかもしれません。また禁止表現は言葉と行動が頭の中で結びつきにくいので、「止まって！」と具体的な声かけをします。

手順は、体を張って「止まって」と言います。歯ブラシを取り上げてもいいでしょう。そして**子どもの目の高さにしゃがみ、目を見て真剣な表情で「歯磨きは座ってします」と短い言葉で歯磨きのルールを伝えます。**子どもの体を守るため、確実にやめさせるためにも、その場ですぐに毅然《きぜん》とした態度で注意してくださいね。

はみがきのイヤイヤ
042

歯磨きを嫌がる

イヤイヤ対処ワザ

歯磨きはプラスイメージを伝えながら行おう

やりがちだけど、なるべくしたくないこと

×羽交い絞めにして無理やり磨く
×「バイ菌がいっぱいだよ！」と怖がらせる
×「虫歯になっても知らないよ！」と怖がらせる

親として知っておきたいこと

お子さんは、歯ブラシを見ただけで「イタイ！」と嫌がったりしないでしょうか。「虫歯にさせたくない」「きっちり歯磨きをしなければいけない」という思いが強すぎて、嫌がる子どもを羽交《はが》い締《じ》めにしてまで磨くこともあるかもしれません。私もそんなママの一人でしたが、子どもは親のその真剣さに怯えます。「何が何でも磨くぞ！」と思う気持ちを横に置き、安心できる雰囲気で歯磨きすることに意識を向けてみましょうね。

イヤイヤ期専門保育士の対処ワザ

子どもに「歯磨きしなければ虫歯になる」という知識を伝えるのはいいのですが、怖がらせるのはよくありません。「バイ菌がいっぱいだよ！」ではマイナスイメージを抱くので、「歯がピカピカになるよ！」とプラスイメージを抱くように伝えましょう。

手順は「お口をあーんしてみて。あ、ごはんがついているからピカピカにするね」と声かけし、ひざにお子さんを寝かせて優しい力で磨きます。この時、**手鏡を持たせて口の中を見せながら磨くと、中の様子が見えて子どもが安心します。**磨き終わったら口を見ながら、「ピカピカになったね！」と親子で喜びましょうね。

5章

はみがきのイヤイヤ043

「自分で歯磨きする！」とゆずらない

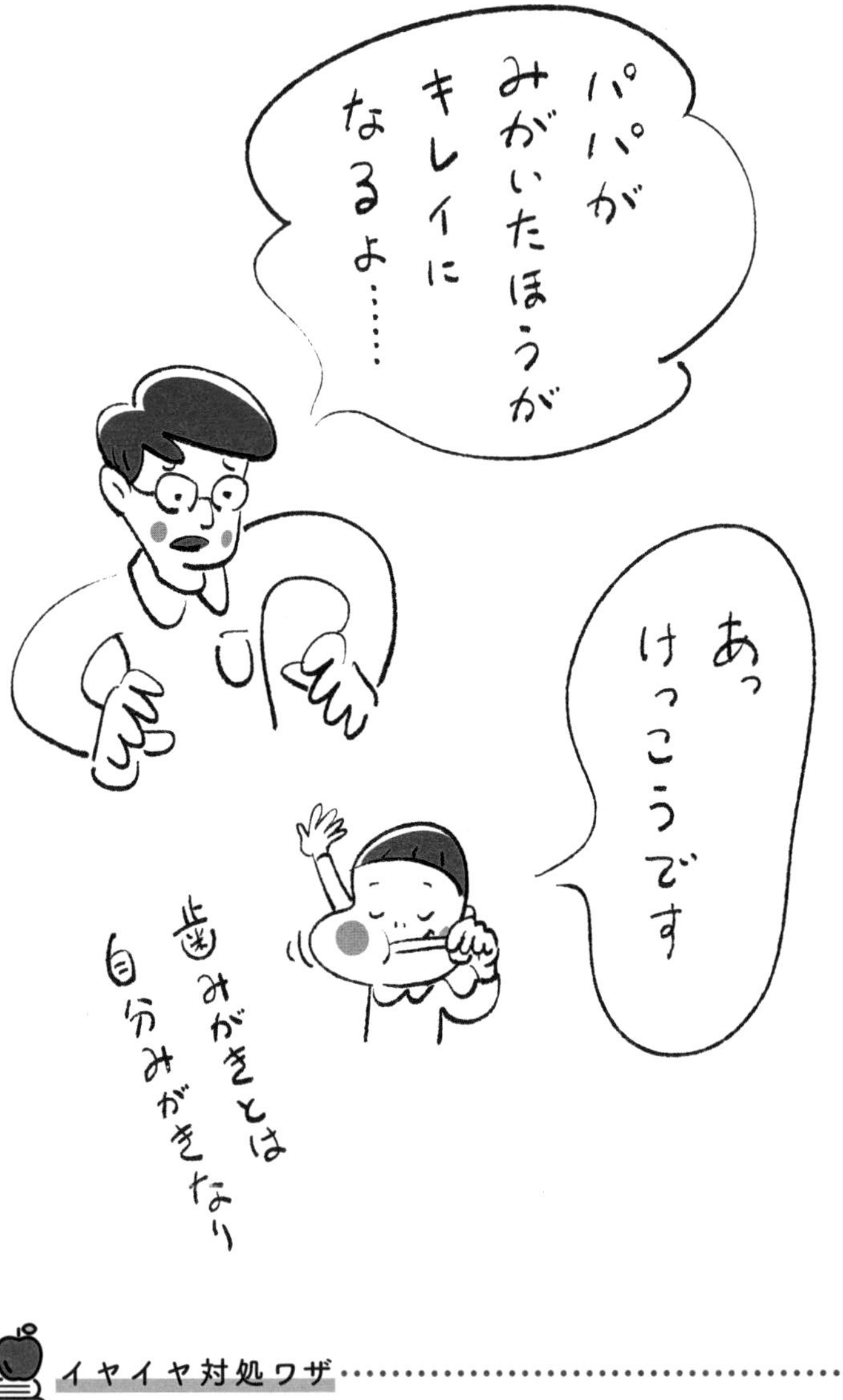
パパがみがいたほうがキレイになるよ……
あっけっこうです
歯みがきとは自分みがきなり

イヤイヤ対処ワザ

歯磨きしたい気持ちを尊重し、意識して口出しせず見守ろう

やりがちだけど、なるべくしたくないこと

×「一人では、まだ無理よ。ママに貸して」と歯ブラシを取り上げる
×「噛んじゃダメ！　こうするの」と正しい磨き方をさせようとする
×何を言っても反発するので、ほうっておく

親として知っておきたいこと

イヤイヤ期定番の「じぶんで！」は、歯磨きの場面でも発揮されます。親としては、歯ブラシを噛《か》んでいる姿を見ると、「それは歯磨きではない」と思わず手伝いたくなりますよね。でも、子どもにしたら「自分でできるので、ママやパパの力は借りなくても大丈夫」と思っており、あれこれ言われるのもイヤなのです。少し関わり方を工夫してみてはどうでしょうか。

イヤイヤ期専門保育士の対処ワザ

2～3歳頃までの子どもは、身の回りのことを積極的に吸収していく力があり、とても速いスピードで自分のものにしていきます。お子さんが自分で歯磨きしたいと言い出したなら、成長を認めて尊重して見守ることが基本です。いつも思わず手や口が出る場面も、意識して見守ります。この時、正面でじっと見ていると、手伝いたくなります。こちらも歯磨きしながら、チラ見するくらいの距離感がちょうどいいでしょう。

親が「こうしたほうがいいよ」と正しい歯磨き方法を教えると反発しがちですが、歯医者さんで歯磨き方法を教えてもらったら納得してくれることもあります。歯磨きの時間に、親子で向かい合い、教えてもらった歯磨き方法を一緒に練習してみるのもいいですね。

おふろのイヤイヤ 044

お風呂に入りたくない！

イヤイヤ対処ワザ

嫌がる理由を聞き、お風呂に入る理由を伝え、いつ頃入るか予告しよう

やりがちだけど、なるべくしたくないこと

×「お風呂に入らないと臭いよ！」と言う
×「お風呂に入るから早くしなさい！」と言う
×「ママ先に入るからね。一人で入ってよ」と驚かせる

親として知っておきたいこと

お風呂に誘うと、「入りたくない」「服を脱ぎたくない」「頭を洗いたくない」などお風呂に入るまでの行動の一つひとつに文句をつけて拒絶することもあるでしょう。しかし、お風呂は毎日のことなので、すんなり入ってほしいもの。親が「お風呂入るよ！」と一方的に誘うのではなく、お子さんと話をすることでお風呂を嫌がる理由が見えてくるかもしれません。例えば私が子どもの時は、父に力いっぱいタオルで体を洗われるのがお風呂嫌いの理由でした。このように、まずはイヤな理由を探って解決してみてください。

イヤイヤ期専門保育士の対処ワザ

いきなり「お風呂に入るよ」と直球勝負をする前に、次の2つを子どもに伝えましょう。この2つは、安心してお風呂に入るためにも大切な情報です。

①お風呂に入る理由を伝える（体をキレイにするため等）

②事前に「もうすぐお風呂だよ」と予告

また、お風呂タイムが夕食後だとまったりして入る気持ちになりにくいので、夕食前がスムーズかもしれません。好きなキャラクターのシャンプーや入浴剤があるだけでも、お子さんのテンションは上がりますよ。

6章

おふろのイヤイヤ 045

お風呂上りにすっぽんぽんダッシュ

床をふいて子どもは自然乾燥を待つ作戦
きゃほー

イヤイヤ対処ワザ

子どものハイテンションに同調せず、動きを止めて「着替えよう」と冷静に対応しよう

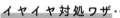

やりがちだけど、なるべくしたくないこと

✖着替えさせるために追いかける
✖「風邪ひいても知らないよ！」と怒る
✖「ママは遊んでいるんじゃないのよ！　いい加減にして！」と怒る

親として知っておきたいこと

まだ、体をちゃんと拭いていないのに、猛スピードでお風呂から飛び出し、部屋中を走り回る。タオルとパジャマを持って追いかけると、大喜びで逃げ回ります。「遊んでいるんじゃないのよ！」と言いたいところですが、裸で解放感ＭＡＸの時に、親が「待て待て〜」と追いかけたら、子どもとしては当然の反応です。

イヤイヤ期専門保育士の対処ワザ

子どもは裸で走るのが大好きです。お風呂だけでなく、トイレでも油断したら腕からすり抜けて、パンツを履かずに走り回ります。それを親が追いかけると、テンションはどんどん膨れ上がります。だからこそ、冷静に対処する必要があるのです。本当は何をしてほしいですか？風邪をひくのが心配なのもありますが、まずはパジャマに着替えてほしいですよね。

手順は、子どもの動きを止めてひざに座らせ、淡々と「パジャマに着替えよう」とだけ言って待ちます。「イヤ！」と言っても、ひざに座らせたまま「パジャマに着替えよう」と言い続けます。何度かやり取りするうちに「ママ（パパ）は本気だ」と察知するので、その時に「着替えよう」と誘ったら「うん」と言って着替え始めてくれますよ。

おふろのイヤイヤ
046

シャンプーがイヤでいつも泣き叫ぶ

イヤイヤ対処ワザ

リラックスしている時に、シャンプーのイヤな理由を聞いて、チャレンジできる方法を探そう

やりがちだけど、なるべくしたくないこと

× 「大丈夫！　大丈夫！」と言って強引に洗う
× 「髪の毛が臭くなるよ！」と驚かせる
× 「本当に困った子ね」とあきれる

親として知っておきたいこと

シャンプーが嫌いで泣いたり、逃げたりする子の髪を洗うのは至難《しなん》の業《わざ》です。お風呂では大きな声は響くので、ご近所さんへの迷惑も気になりますよね。まず、毎回シャンプーを嫌がる困った子というイメージを横に置いて、「なぜシャンプーを嫌がるのか？　何が怖いのか？」の理由を探ってみましょう。

イヤイヤ期専門保育士の対処ワザ

シャンプーが嫌いな理由を、シャンプーの最中に聞くのは難しいでしょう。なぜなら、泣き叫ぶ子どもの対応で親御さんに気持ちの余裕がないからです。聞くならシャンプーをしている時ではなく、お部屋でリラックスしている時がいいでしょう。リラックスしていたら、子どもが素直に思いを話してくれますよ。

例えば、「顔にお湯がかかるのがイヤ」なら「ママのひざに寝て洗ってみる？」などと提案してみます。それでＯＫなら、「今日、チャレンジしてみよう！」と誘います。「やってみる」と言って、できなくても構いません。**少しずつ洗える部位や方法を増やし、シャンプーへの恐怖を減らしてあげましょう。**シャンプーハットなどの道具を使って安心できるなら、もちろん使ってみてもいいですよ。

おふろのイヤイヤ 047

湯船につかるのを嫌がり、洗い場で遊び続ける

イヤイヤ対処ワザ

ママが湯船から出る5～10分前に「出る」予告をしよう

やりがちだけど、なるべくしたくないこと

×嫌がってのけ反っているのに、無理やり湯船に入れる
×子どもの遊びにとことん付き合う
×湯船から上がろうとすると怒るので、「誘ったのに入らないからでしょ！」と叱る

親として知っておきたいこと

湯船につかるのを嫌がり、ずっと洗い場で遊ぶ子ども。子どもが湯船に入るのを待っていたら、親がのぼせてしまいます。だから「もう上がるよ」と言うと、「まだ湯船につかっていない！」と怒り出す始末。お風呂で遊ぶのが好きな子によくある場面です。子どもは、湯船にずっとつかるとのぼせるけど、洗い場だったら長く遊べる、とよく分かっているのですね。

イヤイヤ期専門保育士の対処ワザ

親御さんがお風呂から上がる5～10分前に、「いっぱい遊んだね。ママ熱くなってきたよ。そろそろ出たいから○○ちゃんも湯船につかってくれたら、ママ助かるな」とお願いします。それでもダメなら、親がのぼせてしまってはいけないので、限界になる前に「お風呂終了」の号令をかけます。**子どもには、温かいシャワーを全身にくまなくかければいい**でしょう。

私の子どもたちも湯船につかってくれませんでした。長風呂が苦手な私はのぼせる前に、おじいちゃんにバトンタッチしていました。子どもには、「おじいちゃんが入ってきたら湯船につかるんだよ」と約束させました。このように**協力できる家族がいるなら、お風呂を2部制にしてもいいですよ。**

7章

おうちのイヤイヤ 048

同じ絵本ばかりエンドレスで読みたがる

イヤイヤ対処ワザ

何度読んでもＯＫ！　絵本を開くたびに新しい発見を親子で楽しもう！

やりがちだけど、なるべくしたくないこと

✖「え〜、またこの本？　もう飽きたなあ」と言う
✖「こっちのほうが面白いよ」と別の本を持ってくる
✖飛ばし飛ばしで読む

親として知っておきたいこと

新しい絵本を買ったのに興味を示さず、毎日同じ絵本を読みたがる――「もっと色々な絵本を読めば世界が広がるのに！」「せっかく買ったのに！」と思われるでしょうが、その「せっかく」は親の押しつけかもしれませんよ。**子どもは、同じ絵本を何度読んでも飽きません。だって、本を開くたびに新しい発見があって、ドキドキするんですから。**

イヤイヤ期専門保育士の対処ワザ

セリフを暗唱できるほど何度も読むというのは、繰り返し読みたいくらいにその絵本が好きということ。物語や絵が好きなのはもちろんのこと、「いつもと一緒」という安心感もあるのでしょう。

結論を言うと、毎日同じ絵本でも全く問題はありません。子どもが求めるのなら、何度でも繰り返し読み聞かせましょう。ただ、ずっと読み続けるのは大変なので、「一度に3回まで」などとあらかじめ約束します。「読み終わったら○○しようね」と、次の予定も伝えます。

絵本を読んでもらっている時のお子さんの顔をちらりと見てください。目をキラキラさせているはずです。この際、みなさんも絵本の世界にどっぷりはまってみてくださいね。

おうちのイヤイヤ 049

オモチャを片づけてくれない

イヤイヤ対処ワザ

楽しく遊んでいる子どもをまず認めてから、片づけのお誘いをしよう

やりがちだけど、なるべくしたくないこと

× 「いい加減に片づけなさい！」と大きな声を出す
× 親が無理やり片づける
× 「じゃあ、オモチャ捨てるよ！」と言う

親として知っておきたいこと

遊んだオモチャはあらゆるところに出しっぱなし。これから食事なのに食卓が散らかっていたら、「片づけなさい！」と思わず言いたくなります。親としては「今、この瞬間に片づけてほしい！」と思いますが、子どもにも都合があります。遊んでいる途中に、突然「片づけなさい！」と言われたら、子どもとしては「急に怒らないでよ」とびっくり仰天なのです。

イヤイヤ期専門保育士の対処ワザ

親に怒られながら片づけると、片づけのイメージが「イヤなもの」になってしまいます。逆に自分からできたら「キレイにできた！」という達成感につながります。まずは、遊んでいるお子さんを「いっぱい遊んだね！」と承認しましょう。そして、「そろそろごはんだから、片づけようね」と声かけをします。

園では、次の遊びに移る時に、今遊んでいたオモチャを片づけることになっています。年齢によって、そのお片づけが1個でもいいのです。また食後にも続けて遊びたい場合、オモチャが散らばっていると危険なので、部屋の片隅に寄せておいてもらいます。子どもの遊びの世界を大切にするという意味では、必ずしもすべてを片づける必要はないのです。

おうちのイヤイヤ050

何でもかんでもカバンに入れて持ち運ぼうとする（室内編）

イヤイヤ対処ワザ

遊ぶ場所や荷物のルールを明確にしたら、親も子どもの遊びの世界を楽しもう

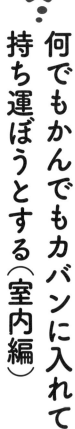

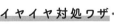

やりがちだけど、なるべくしたくないこと

✖「一人でお片づけできないんだから、やめなさい！」と叱る
✖「危ないからやめなさい！」と叱る
✖強制終了させる

親として知っておきたいこと

オモチャを手当たり次第にカバンに詰め込んで、仮住まいを見つけては荷解《にほど》きをし、またカバンに荷物を詰め込んで次の場所を探す——この時期の子どもが、家の中で民族大移動を繰り返す光景をよく見かけます。リュックを背負った上に両手には手提げかばんで、フラフラになりながら階段を上り下りされると、親としてはヒヤヒヤものでしょう。おかげでなかなか思うようには片づきませんが、これはあくまで一時的な流行りの遊びですので、できる範囲で見守ってあげてくださいね。

イヤイヤ期専門保育士の対処ワザ

子どもは重い物や大きい物を持とうとすることが大好きです。この遊びで「挑戦する力が育っているんだ」と思えば、少し見え方が変わってきます。ただ、大荷物を持ち運んでいたら、ケガしないように見守る必要があります。特に**階段の上り下りは危険なので、「親が手伝う」「1階だけで遊ぶ」など遊びのルールが必要です。荷物にも、「かばんは2つまで」「大きな物は入れない」などルールを設けてもいいでしょう。**安全に遊べるルールが決まったら、「あら、今日はどこへお引越しですか？」とお子さんが見ている世界を一緒に楽しんでくださいね。

おうちのイヤイヤ 051

部屋の片隅に自分の城を作る

ああっ もう じゃまっ
うちは タワーマンションの 2Fざます のよ〜

イヤイヤ対処ワザ

子どもの城を認めてお願いし、移動してもらおう

やりがちだけど、なるべくしたくないこと

× 「ここは邪魔よ!」と言う
× 「あっちで遊びなさい」と言う
× 強制撤去する

親として知っておきたいこと

お気に入りのオモチャたちをカバンの中に詰め込んで民族大移動を繰り返す中で、子どもは気に入った場所で自分の城を築き上げます。ただ、その城が階段下やトイレの前だったら、大人は困ります。でも、お子さんは今まさに遊びの世界にどっぷりつかっています。親の都合で「ここは邪魔よ!」と言ったり、強制撤去《てっきょ》したりすると、楽しい世界が急にガラガラと音を立てて崩れてしまいますよね。

イヤイヤ期専門保育士の対処ワザ

子どもが自分の城を作り始めたら、親としてはその世界を一緒に楽しんであげましょう。もし家族がよく通る場所を陣取《じんど》って遊んでいても、「わあ、素敵なおうちができたね! 仲良しのワンちゃんも一緒なのね」などと、**まずお子さんの遊びを承認します。そして「ママね、お洗濯する時にここを通るの。〇〇ちゃんのおうちを壊したくないから、ここまで動いてくれる?」とお願いします。**ママは自分の城を認めてくれ、守ってくれていることをお子さんが理解すれば、すんなりと移動してくれるでしょう。また、レジャーシートを敷いて「ここで遊ぼうね」と最初からルールを作っておけば、オモチャが広がりすぎることも防げますよ。

7章

おうちのイヤイヤ052

子どもの歌に合わせて一緒に歌うと「ダメ!」と怒り出す

イヤイヤ対処ワザ

一緒に歌えなくても、一番のファンになって子どものコンサートを楽しもう

やりがちだけど、なるべくしたくないこと

×「どうしてダメなの？」と聞く
×「そんなこと言われたらショックだよ」と一方的に言って、子どもの思いに気づかない
×「幼稚園に行ったら、みんなで歌うんだよ」と言って、一緒に歌う練習をさせようとする

親として知っておきたいこと

子どもが調子よく歌っているので、こちらも楽しくなって合わせて歌うと「ダメ!!」「歌わないで！」と厳しく言われることがあります。「歌ぐらい一緒に歌わせてよ！」と思いますが、子どもは一緒に歌うことを望んでいません。自分一人で気持ちよく歌いたいだけなのです。

イヤイヤ期専門保育士の対処ワザ

園でも子どもに合わせて一緒に歌おうとすると、「歌っちゃダメ！」とよく言われます。止められると何だか残念ですが、「一人で歌いたいのね」と子どもの気持ちに共感して観客役に回ります。**手拍子《てびょうし》、タンバリン、かけ声などで思い切り応援してあげる**といいでしょう。そうすることで、子どもがノリノリになって楽しめます。もし、それも嫌がる場合は心の中で応援してあげてくださいね。また、一緒には歌わなくても、普段から親御さんが四季《しき》折々《おりおり》の季節の歌（春には『春が来た』など）を口ずさむように意識していると、お子さんの感性はさらに豊かになりますよ。

こんな風に歌ってくれるのも、子どもが大きくなったらありません。ビデオに撮ってかわいい姿を収め、一番のファンになってお子さんのコンサートを楽しんでくださいね。

7章

おうちのイヤイヤ053

いつまでもテレビを見たがる

イヤイヤ対処ワザ

テレビの視聴時間は親主導で決めよう

やりがちだけど、なるべくしたくないこと

✖テレビを消すと泣くのでやむなく見せ続ける
✖「いつまでテレビを見てるの！　もう、やめなさい！」と怒る
✖予告なしに強制終了する

親として知っておきたいこと

ＷＨＯ（世界保健機関）のガイドラインによると、「０〜１歳児はテレビやスマホ画面を全く見せないことを推奨、２〜４歳児は１日１時間まで（少ないほうがいい）」とあります。

室内遊びが多くなる季節は、特にテレビが多めになりがちです。「あまり見せすぎたくない…」と思いつつも、家事の時などは、テレビを見てるとおとなしくしてくれるので助かります。ただ、一度見せると消すタイミングが難しく、強制終了すると大泣き…。でも、大人も楽しくテレビを見ている時に「はい、おしまい！」と消されるとイヤですよね。子どもも一緒ですよ。

イヤイヤ期専門保育士の対処ワザ

テレビは楽しいし、惹きつけられるからこそ視聴時間や番組は親主導で決めましょう。大人は「よし、やめよう」と自分でやめられますが、子どもはそうではありません。親が止めない限りダラダラ見てしまいます。テレビを見ても構いませんが、幼児期は遊びの中で経験してほしいことが他にもたくさんあります。

見始める前に「見るのはこれだけ。終わったらパズルで遊ぼうね」などと、次の楽しい遊びの予定を伝えておきましょう。もし泣かれても、ここは親が負けてはいけませんよ。

8章

かぞくのイヤイヤ
054
「パパはイヤ！」

イヤイヤ対処ワザ

何よりも先に「ママがいい！」という気持ちを受け止め、パパと一緒に対応しよう

やりがちだけど、なるべくしたくないこと

× 「ママは忙しいから、お願いだからパパと遊んで！」とお願いする
× 「ママを困らせないで！」と言う
× 無理やりパパに押しつける

親として知っておきたいこと

ママの負担を減らすためにも、まんべんなくパパと子育てできるのが理想的です。パパに手伝ってもらえると助かる場面で「パパはイヤ！」と言われると、「ママを困らせないで！　身が持たないわ！」と思われるでしょう。でも、少し見る角度を変えてみると、不安や不快な時にママを求める愛着の関係性が構築されているとも言えます。子どもの「ママがいい」という気持ちは、とても大切なのです。

イヤイヤ期専門保育士の対処ワザ

「パパはイヤ！」と言われた時は、子どもにとってはママ一択しかありません。ですので、何よりも先に「ママがいいんだね」とお子さんの気持ちを受け止めます。ママは「子育てを公平に分担したい」と思うでしょうが、それは今じゃないのかもしれません。今は、子どもはママを求めているので、できる限りママが対応して満足させてあげてください。

ただし、パパはお払い箱になったわけではありません。**「パパにも見ててもらおうね！」とそばにいてもらい、「パパと一緒に過ごすと楽しい！」という経験を積み重ねます。**今の自分の姿を認めてくれるパパは、近い将来、お子さんにとって安心できる存在になるはずですよ。

かぞくのイヤイヤ055

「ママはイヤ！」

ただいまーっ
おっ♡
ママはもういいっ
ピュン
パパーッ♡
ふーっ
もえつきちまったよ……

イヤイヤ対処ワザ

「ママはイヤ！」と言われたら、「ラッキー！」と自由時間を満喫すべし！

やりがちだけど、なるべくしたくないこと

×子どもに「パパとママのどちらが好き?」と聞く
×子どもの前で「いつも甘やかすから、ずるいわね」とパパに言う
×「ママのこと嫌いなのね!」と言う

親として知っておきたいこと

パパの帰宅と同時に駆け寄り、「ママはあっち行って!」と冷たい態度。今の今まで、2人で仲よく遊んでいたのは何だったの? 子どもをパパに取られた気がして、ちょっとさみしいものです。パパがいない時に、思わず「パパとママのどちらが好き?」なんて聞きたくなることもあるかもしれませんが、どちらも大好きな子どもに、そんな質問は酷《こく》というもの。仮に「パパ」と言われたらダメージが大きいですし、やめておきましょう。

イヤイヤ期専門保育士の対処ワザ

子どもがパパのことを大好きなんて、とても素敵なことです。だって、パパと子どもが遊んでいる間は、ママが自由時間を持てる絶好のチャンスですから。今の今まで「ママ! ママ!」と言われていたので、何ともさみしい気持ちになるかもしれませんが、ここは切り替えましょう。**「ママのこと、嫌いなのね!」なんてマイナス思考は遠くに放り投げて、「こりゃ、ラッキー!」とプラス思考に転換します。**どうぞ貴重な時間を満喫してくださいね。

それと、「いつもありがとうね。助かるわ!」とパパへの感謝の気持ちも忘れないようにしましょうね!

8章

かぞく の イヤイヤ 056

「ママは私だけのもの！」

イヤイヤ対処ワザ

普段の何気ない時の10秒ハグと「大好き」の言葉

料金受取人払郵便

新宿局承認

608

差出有効期間
2024年9月
30日まで

郵便はがき

163-8791

999

(受取人)

日本郵便 新宿郵便局
郵便私書箱第330号

（株）実務教育出版

愛読者係行

フリガナ お名前		年齢　　歳 性別　男・女
ご住所	〒	
電話番号	携帯・自宅・勤務先　　（　　　）	
メールアドレス		
ご職業	1. 会社員 2. 経営者 3. 公務員 4. 教員・研究者 5. コンサルタント 6. 学生 7. 主婦 8. 自由業 9. 自営業 10. その他（　　　）	
勤務先・学校名		所属（役職）または学年
今後、この読書カードにご記載いただいたあなたのメールアドレス宛に 実務教育出版からご案内をお送りしてもよろしいでしょうか		はい・いいえ

毎月抽選で５名の方に「図書カード１０００円」プレゼント！

尚、当選発表は商品の発送をもって代えさせていただきますのでご了承ください。
この読者カードは、当社出版物の企画の参考にさせていただくものであり、その目的以外には使用いたしません。

■愛読者カード

【ご購入いただいた本のタイトルをお書きください】

タイトル

ご愛読ありがとうございます。

今後の出版の参考にさせていただきたいので、ぜひご意見・ご感想をお聞かせください。

なお、ご感想を広告等、書籍の PR に使わせていただく場合がございます（個人情報は除きます）。


……………………………該当する項目を○で囲んでください……………………………

◎本書へのご感想をお聞かせください

・内容について	a. とても良い	b. 良い	c. 普通	d. 良くない
・わかりやすさについて	a. とても良い	b. 良い	c. 普通	d. 良くない
・装幀について	a. とても良い	b. 良い	c. 普通	d. 良くない
・定価について	a. 高い	b. ちょうどいい	c. 安い	
・本の重さについて	a. 重い	b. ちょうどいい	c. 軽い	
・本の大きさについて	a. 大きい	b. ちょうどいい	c. 小さい	

◎本書を購入された決め手は何ですか

a. 著者　b. タイトル　c. 値段　d. 内容　e. その他（　　　　　　　　　　）

◎本書へのご感想・改善点をお聞かせください

◎本書をお知りになったきっかけをお聞かせください

a. 新聞広告　b. インターネット　c. 店頭（書店名：　　　　　　　　　　）
d. 人からすすめられて　e. 著者の SNS　f. 書評　g. セミナー・研修
h. その他（　　　　　　　　　　）

◎本書以外で最近お読みになった本を教えてください

◎今後、どのような本をお読みになりたいですか（著者、テーマなど）

ご協力ありがとうございました。

やりがちだけど、なるべくしたくないこと

×「分かってるから、しつこいよ」と困った顔をする

×「お兄ちゃんと仲良く遊んでくれなくちゃ、ママ困る」と言う

×「また、ママとお兄ちゃんの邪魔した!」と叱る

親として知っておきたいこと

きょうだいへの嫉妬心《しっとしん》から、「ママは私だけのもの!」と言わんばかりに独占しようとすることがあります。ママときょうだいがお話ししていると横から割り込んだりして、ライバル心をむき出し。今は何を言われようが、とにかく自分を見てほしくて、「じぶんが一番!」になりたい時期なのです。

イヤイヤ期専門保育士の対処ワザ

まずは、お子さんの「とにかく私を見てほしい」という強い欲求を満たすことからスタートです。**お話を聞く時は、子どもと同じ目線までしゃがんで、目を見てお話しします。**抱っこするなら、ギュッと10秒以上抱きしめます。**「ママはあなたをちゃんと見ているよ」と態度で示しましょう。**

「私を見てほしい!」という時期に、とっておきの魔法があります。それは子どもがママを求めている時だけでなく、普段の何気ない瞬間に「ママ、あなたのことが大好きよ」とギュッと抱きしめること。それを繰り返していると、子どもの心はポジティブに満たされ、だんだん落ち着いてきます。この魔法は、小学生でも中学生でも使えるので忘れないでくださいね。

思い通りにならずに暴れる

イヤイヤ対処ワザ

親は「無」になり、かんしゃくを安全な場所で十分に起こさせて発散させよう

やりがちだけど、なるべくしたくないこと

✖物を与えたり、動画を見せたりして誤魔化す
✖「赤ちゃんじゃないんだから、そんなに泣かないの！」と言う
✖「泣いてる子は嫌いだよ」と言う

親として知っておきたいこと

うまくいかずに気にくわないことが起きると、ひっくり返って泣いて手がつけられないことがあります。とにかく虫の居所が悪く、自分でもわけが分からない状態の時は、きっと抱っこしても何をしても泣き止まないことでしょう。ただ、「泣いてる子は嫌いだよ」と子どもを評価してはいけません。また、**「泣けば言うことを聞いてもらえる」と学習してしまうので、オヤツなどで釣るのもやめましょう。**

イヤイヤ期専門保育士の対処ワザ

親が必死に泣きやませようとすると、余計に**長引くので、体力温存のためにも無になりましょう。**かんしゃくは、親がそばで見守りながら〝安全〟に起こさせてあげるのが基本です。「ぼくはこうしたかったんだ！」という気持ちを、安全な場所で十分に泣くことで発散させるのです。「こんなに泣かせていいのかな…？」と不安になりますが、観察していると、だんだん泣き方が小さくなったり、疲れたりしてくるのが分かります。そこが抱き上げのタイミングです。抱き上げたら「○○したかったんだね」と気持ちを受け止めます。十分に発散して、気持ちを受け止めてもらったら、ウソみたいにケロッと遊び出しますよ。

かぞくのイヤイヤ

058

お世話・おせっかいが大好き!

ぼうし
かぶりましょうねー

まず
自分の
じゅんびを……

イヤイヤ対処ワザ

お世話されている相手が嫌がっていなければ、ほほえましく見守ろう

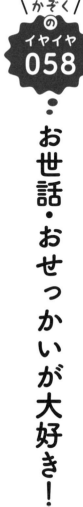

やりがちだけど、なるべくしたくないこと

×「お世話が上手ね！　すごいわね」と褒める
×「お兄ちゃんと違って、よく気がきくわね」と子どもを評価する
×相手が怒ったら、「だから、やめなさいって言ったでしょ！」と言う

親として知っておきたいこと

お世話好きな子は自分のことだけでは物足りず、きょうだいのお出かけの準備などを得意気《とくいげ》な顔でしたがります。相手に「やめて！」と嫌がられても気にせずお世話をするので、ケンカに発展することも…。おせっかいをやめてくれれば平和かもしれませんが、お子さんの気持ちを大切に見守ってあげられるといいですね。

イヤイヤ期専門保育士の対処ワザ

園でもお世話好きな子は、お散歩前にお友達の靴下や帽子を配り歩いたり、「ごちそうさま」の後にエプロンをはずしてくれたりします。それを受け入れられることもあれば、嫌がられることもあります。ただ、相手が嫌がっていなければ、そのまま見守ります。

親御さんとしては、評価を下すように「上手ね」「すごいね」とほめるのではなく、「帽子、渡せたね」と具体的な行動を認め、自信につながるようにしましょう。

もし嫌がられた時は、相手に「イヤだったんだね。〇〇ちゃん、お兄ちゃんに帽子渡したかったんだって」などと伝えます。当人には「帽子を渡せたね。でもお兄ちゃんは自分でしたかったみたいだよ」と、帽子を渡せたことを認めつつ、相手の気持ちも伝えましょうね。

8章

かぞくのイヤイヤ 059

きょうだいよりもちゃっかり先回りする

イヤイヤ対処ワザ

ちゃっかり気質の子が先回りして来た時は、「コミュニケーションを取る絶好のチャンス！」と考えよう

やりがちだけど、なるべくしたくないこと

- ✖先回りした子に「ママたちには秘密だよ」とパパがオヤツをあげる
- ✖先回りされたきょうだいに「お兄ちゃん（お姉ちゃん）なんだから我慢しなさい」と言う
- ✖先回りした子の言うことを優先しがちになる

親として知っておきたいこと

同じママから生まれたきょうだいでも、のんびり気質の子とちゃっかり気質の子がいます。ちゃっかり気質の子は、遊んでいても親の様子を見ていて「今、抱っこしてくれそう！」と体が空いた瞬間に、ひざの上を陣取ります。後から来たのんびり気質の子は、「先に○○ちゃんが座ってるから待っててね」と言われることが多いかもしれません。**イヤイヤ期のちゃっかり気質の子がいる場合、他のきょうだいへの配慮も必要ですね。**

イヤイヤ期専門保育士の対処ワザ

ちゃっかり気質の子が先回りして来た時は、コミュニケーションを取る絶好のチャンスです。「あら！　いらっしゃい」と触れ合いの時間を楽しみましょう。よくあるのはきょうだいによるママのひざの取り合い。「半分半分に座って！」と言っても、より多くの面積を陣取ろうと争います。そんな時は「2人とも大好き～」とコチョコチョしたり、絵本を読んだりなどスキンシップ遊びがオススメ。いつの間にやら、ひざの取り合いを忘れてしまいますよ。

オヤツを食べる時など、一緒のほうがいい場面は「△△ちゃんも誘ってくるね」と他のきょうだいに声かけすることをお忘れなく！

かぞくのイヤイヤ 060

きょうだいの誰よりも一番がいい、誰よりも超マイペース

だれも競ってないけどな
イエーイ！いちばーん！

イヤイヤ対処ワザ

きょうだいで比べず、先を見越して、それぞれのペースに合わせよう

やりがちだけど、なるべくしたくないこと

×「あなたはせっかちね」と言う
×「遅いよ！　早くしなさい！」と声をかける
×「少しはお兄ちゃん（お姉ちゃん）を見習って！」と言う

親として知っておきたいこと

トイレに行く、手を洗う、お風呂に入るなど、あらゆる場面で誰よりも「一番！」の気持ちが強い〝何でも一番くん〟。

逆に、きょうだいが先にオヤツを食べていても気にならず、いつものんびり気質の〝マイペースくん〟。あまりに違うと、つい比べてしまうかもしれませんね。

そう、同じきょうだいでも、人はそれぞれ性格が違って当然です。まずは、それぞれのペースを認めることからスタート。きょうだいと比べることはせず、その子のペースに合わせるようにしましょうね。

イヤイヤ期専門保育士の対処ワザ

〝何でも一番くん〟の場合、きょうだいが気にしていないなら、その思いを優先させてあげましょう。〝何でも一番くん〟の中にも流行りがあるので、満足すれば落ち着きます。

〝マイペースくん〟の場合、自分のペースが大事なので、慌てさせると混乱します。特に「早く」の言葉や、一度にいくつも物事を言われると、パニックになることがあります。「早くズボン脱いで、おしっこしたら寝るよ！」ではなく、「ズボン脱ぐよ」「ママ、待ってるね」とお子さんのペースに合わせて一つひとつ声をかけるようにしましょうね。

かぞくのイヤイヤ 061

「パパとママのやり方が違う!」と大爆発する

パパの着せ方とちがう!
私はパパじゃないっ!!
パパは着がえる前にラムネくれるよっ
うそつくなっ

イヤイヤ対処ワザ

子どもが混乱しないように、できる限り両親が足並みをそろえよう

やりがちだけど、なるべくしたくないこと

✕パパ（ママ）のやり方を押し通す
✕「わがまま言わない！」と言う
✕パパ（ママ）に愚痴を言う

親として知っておきたいこと

パパとママのやり方が違うと怒って大爆発し、8割方できていても、ふりだしに戻らないと気がすまない——実に大変です。例えば、パパは着替え終わるまでじっくり待ってくれるのに対し、ママは手伝ってさっさと着せようとしたらどうでしょうか。子どもは「一人でできるのに！」と混乱して怒るはずです。これは子どものわがままではなく、パパとママの情報の共有不足のせいなのです。

イヤイヤ期専門保育士の対処ワザ

子どもの成長・発達は日々変化しています。「今日は自分でズボンを履けるようになったよ」と夫婦で共有できればいいですが、いちいち言わないことも多いのではないでしょうか。仕方ないこととは言え、両親のやり方が違うと混乱するのは子どものほうです。できる限りお子さんが落ち着けるよう、両親で足並みをそろえる意識を持ちましょう。

また、**子どもに関わる時は表情をよく見てください。ちょっと不機嫌な顔になったら、「どうして機嫌悪くなったんだろう？」と察することができるアンテナを持つだけで全く違います。**「もしかして、自分でズボンを履きたいのかな？」と察知できれば最高ですね。

おともだちのイヤイヤ 062

お友達の「一緒に遊ぼう」の声かけに「イヤ」と即答

イヤイヤ対処ワザ

子どもの「今、遊んでいる世界」を大切にして、一人遊びを思う存分させよう

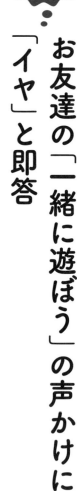

やりがちだけど、なるべくしたくないこと

×「一緒に遊んだら？」と半ば強引に遊ばせようとする
×「どうして一緒に遊ばないの？　お友達と遊んだら楽しいよ」としつこく言う
×「貸してあげないとダメでしょ！」とオモチャを勝手にお友達に貸す

親として知っておきたいこと

公園でお友達が誘いに来たので、「一緒に遊んだら？」と言っても首を横に振り、「イヤ」の一言で遊ぼうとしない。何となく、気まずい空気が流れます…。しかし、お子さんの立場で考えてみると、「今、めっちゃ楽しい遊びをしているところなんだよ！」といったところなのかもしれませんよ。

イヤイヤ期専門保育士の対処ワザ

園でも、このような場面をよく見かけます。特に自分の世界にどっぷりつかっている子の遊びは魅力的に見えるので、他のお友達も「ぼくもその遊びがしたい！」と思います。でも、当の本人は「邪魔しないでほしいんだけどな…」と思っているものです。この気持ちを考えると、「一緒に遊んだら？」と無理に遊ばせるのはどうなのでしょう？　このような場合は、**「お友達が一緒に遊びたいみたいだよ」と言って待ち、「イヤ」と言えばお友達に「ゴメンね。砂遊びが楽しくて今は遊べないみたい」などと伝えます。**

また、「お友達、ここで遊んでもいいかな？」というように、すぐそばだけどお子さんの世界も守れて、お友達も納得できる場所で遊ぶことを提案してもいいですね。

\おともだち/
の
イヤイヤ
063

お友達の遊んでいるオモチャを奪い取る

正義とはっ!?
正義のヒーローマンはボクのもんだっ

イヤイヤ対処ワザ

子どもの行動だけに目を向け、友達のものは取らないというルールを伝えよう

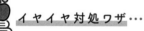

やりがちだけど、なるべくしたくないこと

×「ダメ！　返しなさい！」と取り上げる
×「勝手に取って悪い子ね！」と叱る
×「それはあなたのものではないでしょ！」と叱る

親として知っておきたいこと

子どもがお友達のオモチャを勝手に取ると、親としては慌ててしまいます。「返しなさい！」と言っても、なかなか返そうとしないと困りますよね。でもこれは、子どもの成長過程でよくあることなので、「うちの子、大丈夫かしら…」と心配する必要はありません。**「人のものは勝手に取ってはいけない」という大人の常識を子どもは知らないので、ほしいものを取るのは自然な行動なのです。**「いい子」「悪い子」とその子を評価する言葉は使わず、子どもの行動だけに目を向けましょう。

イヤイヤ期専門保育士の対処ワザ

まずは「これがほしかったのね」と気持ちを受け止めて、「でも、これはお友達のものなんだよ。返そうね」と人のものを取ってはいけないことを伝えます。**「返そうね」で返してくれるならいいのですが、イヤイヤ期の子どもにはまだ難しいことが多いので、その場合は代わりに親が返して謝ります。**お子さんはきっと泣くでしょうが、思う存分泣くことを許して、「遊びたかったね」と悲しい気持ちを抱きしめて受け止めます。落ち着いたら「よく我慢したね」と子どもの気持ちを認めて、「すべり台で遊ぼうか！」と次の遊びに誘ってみてくださいね。

\おともだち/
の
イヤイヤ
064

お友達に乱暴に関わってしまう

イヤイヤ対処ワザ

お友達を叩いたら、体を張って止め、毅然とした態度で叱ろう

やりがちだけど、なるべくしたくないこと

✖「叩いたらダメでしょ！」としつこく叱る
✖すぐに「謝りなさい！」と言う
✖お友達を叩いた手をペシっと叩く

親として知っておきたいこと

お子さんがイヤな気持ちになった時、お友達を叩く・噛むなど手を出したら、親としてどうしますか？　それが頻発《ひんぱつ》すると、そのうち相手にケガをさせないかとヒヤヒヤします。お友達を叩いたら「ダメ！　謝りなさい！」と叱り、「お友達を叩くのはよくないことです」と伝えるのは大正解。さらに一歩踏み込みましょう。

イヤイヤ期専門保育士の対処ワザ

お友達を傷つけた時は叱るべきです。叩こうとしたら体を張って止め、「叩いたら痛いよ！」と毅然とした態度で伝えます。ただ、**「謝りなさい」と言う前に、お子さんの気持ちを知ることが大切です。手が出る子は迷惑をかける前に、迷惑をかけられていることも多いからです。**オモチャを触られたことが原因で叩いたとしたら、オモチャを触られて迷惑だったのでしょう。「オモチャを触られてイヤだったんだね」と子どもの気持ちを丁寧に受け止め、落ち着いたら「お友達、叩かれて痛かったよ。一緒にゴメンねしよう」と誘います。**お友達とそのママには「少し待ってください」と伝え、慌てずお子さんが気持ちを整理できる時間を取ってください。**ただし、お友達がケガした場合は、何よりもケガ対応を優先してくださいね。

おともだちのイヤイヤ065

集団の中でじっとできず、座る場面でもウロウロと歩き回っている

イヤイヤ対処ワザ

他の子と比べることをやめ、ないものねだりではなく、「あるもの探し」をしよう

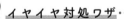

やりがちだけど、なるべくしたくないこと

×「みんなできているのに何でできないの？」と言う

×「ちゃんと座りなさい！」と叱る

×「もう帰るよ！」と驚かして、ちゃんとさせようとする

親として知っておきたいこと

育児サークルなどの集団で座る場面でも、みんなと同じように座らず、お遊戯《ゆうぎ》の時間も参加しようとしない。「うちの子だけどうして？」と感じるかもしれません。お友達との関わりが増えて比較対象ができると、「みんなできているのに、うちの子はできない」ということが気になります。ですが、**お子さんと他の子とは別人格です。**

まずは、他の子と比べることをやめましょう。

イヤイヤ期専門保育士の対処ワザ

「早く集団に入れたほうがいいでしょうか？」との相談には、「慌てなくていいですよ」とお答えしています。だって、0歳の頃から保育園に通っている2歳児でも、集団遊びよりも一人遊びが好きなのです。早くから集団遊びができることだけが絶対的に正しいわけではないので、無理にさせる必要はありません。集団遊びはあまり興味ないけれど、ブロックは集中して遊べるなど、**その子の「できる」に注目しましょう。**できないものねだりではなく、あるもの探しをするほうが子どものことがよく見えてきますよ。

「ちゃんと座りなさい！」と叱った場合、その叱る基準が親御さんの理想の子ども像になっていませんか？　〝ちゃんと〟とはいったい何なのか？　一度、考えてみてくださいね。

おともだちのイヤイヤ 066

お遊戯を嫌がり、ママにべったりくっついて何もしない

イヤイヤ対処ワザ

集団遊びが苦手なら背中を押さず、ママとべったりしていよう

やりがちだけど、なるべくしたくないこと

✖子どもの手を引っ張り、無理やり集団に入れようとする
✖「もうすぐ3歳なんだから返事して」と言う
✖どうせ子どもは返事しないから、代わりに親がすべて答える

親として知っておきたいこと

家ではたくさんお話しするのに、育児サークルなどではママにべったりでモジモジ。周りの子がママから離れて遊んでいるのが、うらやましく感じるかもしれません。「周りの子と同じようにお遊戯してほしいなぁ」と思ったとしたら、それはあくまで親の理想です。まずは子どもの性格を受け止め、周りの子と比べないことからスタートしましょう。

イヤイヤ期専門保育士の対処ワザ

私の娘はこのタイプで、家では一番えばりんぼなのに、集団では私にべったりでした。「家と全然違うやん！」と思いましたが、それも娘の性格。その場合は**親の理想像を横に置き、「恥ずかしいのね」と子どもの気持ちを受け止めます。**もし比べるのなら、比較対象は前回の子どもの姿にしましょう。前よりもママのひざの上で楽しそうにしていたなら、前進と考えてください(必ずしも前進しなくてもいいですよ！)。

このタイプの子は、ママにべったりしながらもよく見ていて、心の中に楽しい思いをため込んでいます。無理に背中を押さなくても、その子のペースで集団の雰囲気に慣れてくれればいいのです。

おともだちのイヤイヤ067

黙々と一人で遊ぶ

イヤイヤ対処ワザ

一人で遊ぶ子には、さらに一人遊びを充実させてあげよう

やりがちだけど、なるべくしたくないこと

×集中していた遊びをやめさせて、お友達のところへ連れて行く
×「お友達と遊んだら？」としつこく誘う
×「こだわりの強い子…」と心配する

親として知っておきたいこと

何度声をかけても聞こえない、自分の世界にどっぷりつかって誰にもオモチャを触れさせない――このようにお友達と関わろうとせずに長い間、黙々と一人で遊ぶわが子を見ると、「この子、お友達できるかな…？」と不安に思うかもしれません。しかし、心配はご無用です！近い将来、友達と協力しながら遊ぶようになるためにも、今は一人遊びを十分にすることが大切なのです。

イヤイヤ期専門保育士の対処ワザ

お友達と遊んでいる子は「楽しそう」、一人で遊んでいる子は「さみしそう」という印象をお持ちかもしれませんが、それは違います。

保育園では、まず一人遊びを充実させることからスタートします。**今、遊んでいないオモチャが出ていて散らかっていないか、テレビがついていないかなど、部屋環境を見直してみましょう。一人遊びは、集中力や想像力、自分で考える力を育ててくれます。**

一人遊びの経験を積み重ねていくと、興味が一致したお友達と同じ遊びを並んでする（並行遊び）ようになります。2～3歳は主に並行遊びをする時期で、お友達と協力して遊ぶことはほとんどないので大丈夫ですよ。

おでかけのイヤイヤ 068

雨で出かけられないのに外で遊びたがる

公園いくっ
お天気わるいよっ
お天気わるい？
そんなことないよー

イヤイヤ対処ワザ

外に行けない日は動と静の遊びを組み合わせよう

やりがちだけど、なるべくしたくないこと

×「今日はお外に行けないって言ってるでしょ！」と言う

×「お願いだから、ママを困らせないで！」と困った顔をする

×出かける気もないのに、「ビチョビチョになってもいいなら外に行く？」と言う

親として知っておきたいこと

外に行けない雨の日や猛暑日、厳寒日などでも、子どもは外に行きたがって玄関で靴を履いてスタンバイ。行けないと分かったら、ひっくり返って大泣きです。家の中では子どものエネルギーがなかなか発散できない上に、泣かれるとこちらもストレス増大…。お出かけできない時は、子どものエネルギーを発散できる遊びを取り入れてみましょうね。

イヤイヤ期専門保育士の対処ワザ

園でも、雨の日など外に行けない日は「さて、どうしよう！」と困ります。**まずは、子どもの「お外で遊びたかったな…」の気持ちに共感し、一緒に窓の外の雨の様子を眺めたりします。**

外に行けない日の課題は、子どもの元気なエネルギーをどう発散させるか。園でよくする遊びは2つ。1つは身体を使った遊び（ジャンプ遊び、トンネルくぐり、ダンスなど）。ただ、これは体力的に長続きしませんよね。そこでもう1つの、机の上でできる静かな遊びをします。エネルギーを発散できずモヤモヤしている時ほど、小麦粉粘土《ねんど》やスライムなど不思議な感触の遊びをすると、心が落ち着くものです。1日の中で、静と動の2つの遊びを組み合わせるのがオススメですよ。

おでかけのイヤイヤ 069

ボタンは必ず自分で押したがる

イヤイヤ対処ワザ

ボタンは極力押させてあげる。ただし、押していいボタンと、押していけないボタンの区別をはっきりさせよう

やりがちだけど、なるべくしたくないこと

×「誰が押しても一緒でしょ！」と言う
×「ホントにめんどくさい子ね」と文句を言う
×他人が待っていても子どもに押させようとする

親として知っておきたいこと

何が何でも自分で押したいインターフォンのボタン。うっかりママが先に押したら大泣きし、家の人が出てきたのに、もう一度戻ってもらい押し直す——みなさん、身に覚えがあるのではないでしょうか…。バスの降車ボタンは押し直しできないので、他の人が押してしまったら大変です。**押すとボタンが光るという現象は、大人には日常でも、子どもには何だか特別感があってとても楽しいこと**なのでしょうね。

イヤイヤ期専門保育士の対処ワザ

ボタンに夢中な時期は、押せるボタンは子どもに押させてあげましょう。大人が「思わずいつもの癖で押してしまった！」ということがないように、注意してくださいね。

ただし、どんなボタンでも押していいわけではありません。子どもが押していいボタンと、そうでないボタンの区別をはっきりさせます。

例えば、エレベーターなど他人を待たせてしまう場合は、「待っている人がいるから一緒に押そうね」と親御さんと押すようにしましょう。バスのボタンは降りるバス停以外で押してはいけない、非常ボタンやガスコンロ、ストーブなどのボタンは「大人が押すもの」、などと教えてあげてくださいね。

おでかけのイヤイヤ 070

三輪車や自転車は「押すな・手を出すな・自分でこげる！」と怒る

イヤイヤ対処ワザ

三輪車や自転車は、ルールを決めて安全運転させよう

やりがちだけど、なるべくしたくないこと

✖嫌がるのを無理やり押す
✖「危ない！」と言いながら乗せる
✖手伝うと嫌がるので、ある程度、子どもの自由にさせる

親として知っておきたいこと

「三輪車や自転車を親に手伝ってほしくない」という子どもの気持ちに寄り添っていたら、なかなか進まず目的地にいつ着くか分かりません…。また、ある程度自分で乗れるようになってきたら、今度は暴走し始めるのでヒヤヒヤします。いずれにせよ、まだ自由に公道で走らせるには危ない年齢。やはり乗せる以上はルールが必要なのです。

イヤイヤ期専門保育士の対処ワザ

新しい三輪車や自転車を手に入れると、子どもはうれしくてたまりません。「自分で乗りたい！」という気持ちが爆発するので、乗る前にルールを決めましょう。

例えば、「道ではママが後ろから支える」「一人で乗るのは公園だけ」「公園も、人が多ければ乗らない」などです。**公道は車道でも歩道でも他人がいます。事故につながることもあるので、子どもの自由にはさせてはいけません。**

公園など安全な場所では、子どもの自分で乗りたい気持ちを尊重します。そばで見守り、**乗りにくそうな時は「～してあげる」ではなく、「少しお手伝いしようか？」とさりげなくサポートしてあげましょうね。**

\おでかけ/の イヤイヤ 071

虫や草花に熱中して道端で動かなくなる

イヤイヤ対処ワザ

子どもの無限の可能性の世界を一緒に楽しんでみよう

やりがちだけど、なるべくしたくないこと

×「早く行くよ！」と手を引っ張る
×「虫はやめて！」と触れさせない
×子どもが動き出すまでスマホを見る

親として知っておきたいこと

ダンゴムシやアリを見つけたらその場から動かなくなる、マンホールごとに立ち止まってマンホールの穴に小石を入れる——大人には「いったい何が楽しいのか？」と理解できないかもしれません。しかし、好奇心いっぱいの子どもには楽しい世界が見えているのです。ほんの半歩で構わないので、無限の可能性を持ったお子さんの興味の世界に近づいてみてください。きっと見えてくるものがあるはずですよ。

イヤイヤ期専門保育士の対処ワザ

子どもが虫を見つけたら「虫はやめて」ではなく、一緒にしゃがんで「わあ、ダンゴムシだね」などと観察してみてください。見るだけで触らなくても結構です。「ママと一緒にダンゴムシが見れた！」とお子さんの心は満足するものです。**子どもは、自分の興味のあるものや好きなものを通して集中力が育ちます。**虫や草花、小石、どんぐりなどに熱中している姿を、ぜひ大切にしてあげてください。

親が動いてほしい時は、「あっちも見てみよう！」と目的地のほうを指させば、じっとしていた子どもも動き始めますよ。時間の余裕がない時は、歩かずにベビーカーや自転車移動を選びましょうね。

おでかけのイヤイヤ 072

ポケットに何でも採集する

イヤイヤ対処ワザ

「ここまでOK」のおうちルールを決めて採集を見守ろう

やりがちだけど、なるべくしたくないこと

✖「持って帰るのはダメ！」と捨てさせる
✖子どもの知らないうちにこっそり捨てる
✖触らせない

親として知っておきたいこと

子どもは、ありとあらゆるポケットに、道端で拾った小石やどんぐりなどを採集します。洗濯の時にポケットを調べるとダンゴムシが入っていて絶叫した、なんて話を聞いたこともあります。**親にとってはそのへんに落ちている〝小石〟ですが、子どもにとっては〝宝物〟。**邪険に扱ってはいけないのです。

イヤイヤ期専門保育士の対処ワザ

小石やどんぐりを採集している時の子どもの真剣な表情を見ていると、「この子は将来、学者さんになるのではないか！」なんて思ってしまいます。それくらい必死にせっせと集めている姿をほほえましく見守ることができたらいいですよね。**お散歩の時に色々採集したものをポケットに入れられると困る場合は、袋を持っていきましょう。**また、それが**家の中で転がっていると困るなら、「帰ったらココに置こうね」と置く場所を決めておきます。**例えば園では、木の実や小石は花壇《かだん》に置いてから部屋に入る。虫は「ココがおうちだから、帰らせようね」と公園に放す、と決めています。

お子さんの気持ちに寄り添いつつ、親（特にママ）にとってどこまでがＯＫなのかを考え、おうちルールを決めましょうね。

おでかけのイヤイヤ 073

じっとできずに突進する

イヤイヤ対処ワザ

体を張って止め、短い言葉で確実にやめさせよう

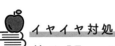

やりがちだけど、なるべくしたくないこと

×「走らないで！」と叱る
×「転ぶよ！」と注意する
×「ダメ！　手をつなぎなさい！」と叱る

親として知っておきたいこと

子どもは楽しそうなものを見つけたら、つないでいる手を払いのけて突進。外を歩くのもひと苦労です。ただ、道路や駐車場で突然走り出すのは、やめさせなければいけません。この時、「走らないで！」と言いがちですが、「〇〇しない」という禁止表現では、この時期の子には伝わりにくいのです。「走る」の印象だけが残って、すぐに走るのをやめようとしないことが多いので、別の言葉に言い換えられないか考えてみましょう。

イヤイヤ期専門保育士の対処ワザ

突然、外で走り出すのは危険なので、体を張ってその場で止めます。その際、**禁止表現の「走らないで！」ではなく、「止まって！」などと望む行動を言葉にしましょう。**くどくど言わず、短い言葉で確実にやめさせます。叱られたからやめるのではなく、危険だからやめるようにするのです。**外出前には、毎回外で歩く時のルールをお子さんと再確認しておきましょう。ルールは「手をつなぎます」と「ゆっくり歩きます」。**この2つで十分です。

もし、後で「子どもを叱りすぎたかも」と思っても自分を責めないでください。だって、お子さんの命を守るためにしたことですからね。

おでかけのイヤイヤ 074

公共の場で大はしゃぎする

イヤイヤ対処ワザ

迷惑をかけないように直前に約束し、公共の場のルールを身につけてもらおう

やりがちだけど、なるべくしたくないこと

✕「静かにしなさい」とくどくど言う
✕そばにいる人を指差し、「周りの人に怒られるよ」と言う
✕「そんなことしたら、おまわりさんが来るよ」と言う

親として知っておきたいこと

電車など公共の場では、子どものテンションはいつもよりアップします。一回でもクスッと笑ったら、おふざけがエスカレートし、その場をおさめるのは至難の業。止めるにも注意が必要です。「周りの人に怒られるよ」は、周りの人がいなければ騒いでもいい、と思いかねません。「おまわりさんが来るよ」は、実際におまわりさんは来ませんよね。**その行動をやめてほしい理由を、他人のせいにしないでくださいね。**

イヤイヤ期専門保育士の対処ワザ

周りの人への迷惑行為は叱るべきです。迷惑をかけないために、園では電車に乗る直前に「電車の中では小さい声でお話ししようね」「先生と手をつなごうね」と子どもたちと約束します。短い時間なら守れても、時間が長くなると騒いでしまうこともあるでしょう。その時は「小さな声でお話ししてね」と、してほしい行動を言葉にします。「目は口ほどに物を言う」のことわざの通り、**子どもの目を見つめながら、あえてささやくように言うと効き目があります。**守ってくれたら、「ありがとう」と伝えましょう。「ママやパパに怒られるから静かにする」ではなく、「公共の場では静かにする」というルールを身につけてもらいましょうね。

おでかけのイヤイヤ 075

手をつなぐのを嫌がる

イヤイヤ対処ワザ

嫌がっても「外では手をつなぐ」を習慣にしよう

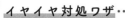

やりがちだけど、なるべくしたくないこと

×あきらめて手をつながない
×手をつながず言葉だけで「危ない！」と言う
×手をつなぎ無理に引っ張る

親として知っておきたいこと

手をつなごうとすると嫌がる、無理につなごうとすると座り込んで動かなくなる、全速力で逃げる——お困りの方も多いでしょう。大切なお子さんの命を守るためにも、「外に行く時はママやパパと手をつないで歩く」という習慣を身につけてほしいと切に願います。

イヤイヤ期専門保育士の対処ワザ

園では、1人の保育士が2〜3人を担当します。「なかなか手をつなごうとしない」と嘆く親御さんもいる中、なぜ園ではできるのか？それは、「外では手をつなぐ」が習慣になっているからです。以下は、外で手をつなぐための3ステップです。

①出発前に「手をつないで歩こうね」と約束
②近場の公園からチャレンジする
③できている行動を認める

「手をつないで歩けているね。ママはうれしいな」などとできた行動を認められると、お子さんの自信につながります。それでも手をつなぎたがらない時は、ベビーカーや自転車で移動しましょう。自分で危険を避けることができない子どもの命を守れるのは親だけです。お子さんの「手をつなぎたくない！」に負けないでくださいね。

おでかけのイヤイヤ076

晴れなのに長靴や傘で出かけたがる

雨の日に
傘をささない
よりは……
マシかなっ!!
う〜ん

イヤイヤ対処ワザ

子どもの思うようにさせて、「やっぱり普通の格好のほうがいいね」と学んでもらおう

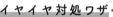

やりがちだけど、なるべくしたくないこと

✖「恥ずかしいからやめて！」と言う
✖力ずくで雨具を着せよう（脱がせよう）とする
✖長々と説得して雨具を着せよう（脱がせよう）とする

親として知っておきたいこと

土砂降りなのに長靴もレインコートも傘も断固拒否、逆に晴れているのに長靴を履きたがる――イヤイヤ期によくある光景ですね。でも、恥ずかしいと思っているのは親御さんだけ。お子さんはそれがカッコいいと思っているのです。「レインコートを着なさい（脱ぎなさい）」と言っても聞き入れてくれないなら、子どもの思うようにさせるのもアリですよ。

イヤイヤ期専門保育士の対処ワザ

もちろん季節や状況にもよりますが、着る・着ないでバトルする時間をかけるくらいなら、子どもの思うようにさせたほうが心穏やかに出発できます。親御さんは、晴れの日の長靴には動きやすい靴を、雨の日のレインコート拒否にはタオルと着替え一式を準備してください。**レインコートを拒否されても、「雨具つけてても どうせ濡れて着替えるからいいか」くらいの気持ちでいましょう。**お子さんは思い通りの格好でお出かけすることで、「長靴だと遊びにくかった」「雨に濡れて寒かった」という経験を積み、「やっぱり晴れの日は普通の靴がいい」などと学んでくれます。天気と真逆の格好をしたがるのもイヤイヤ期だけ。写真や動画を撮って、今だけのかわいい姿を楽しんでくださいね。

おでかけのイヤイヤ
077

何でもかんでもカバンに入れて持ち運ぼうとする（外出編）

イヤイヤ対処ワザ

お出かけ時に持って行く荷物の数は、親が具体的に決めよう

やりがちだけど、なるべくしたくないこと

✖強制的に数を減らす
✖止めるとかんしゃくを起こすので、子どもが持ちたいだけ持たせる
✖子どもが「重たい」と言うと、「だから言ったでしょ！」と怒る

親として知っておきたいこと

お出かけの時、これでもかと荷物を詰め込んだリュックを背負って得意気な子ども。親が「少なくしてほしいな」と言ってもダメ。強制的に減らそうとすると、大泣きしてお出かけできなくなるので、仕方なく持って行ったものの結局疲れて親が持つことに——これもよくある光景ですが、子どもにしたら、ただ宝物を持ち歩きたいだけなのです。

親御さんが「たくさん持って行かない！」「少なくしなさい！」と伝えること自体はいいので、もう少し具体的に見ていきましょう。

イヤイヤ期専門保育士の対処ワザ

子どもは親から「少なくしなさい」と言われても、どれくらい少なくすればいいか分かりません。さらに言うと、**子どもは自分が長時間持ち運べる荷物の量が分かりません。**具体的な数は親が決めましょう。例えば「オモチャは2個まで」とルールを決めると、子どもは10個あるうちの2個しか持てないので「う〜ん！」と悩むでしょう。思わず「これにすれば？」と口を出したくなりますが、ここは子どもに決めさせるために見守ります。もし「3つがいい」と言われた場合、1個ぐらい増えても大丈夫そうなら「いいよ」と大目に見てあげてくださいね。

おでかけのイヤイヤ 078

まだ家に入りたくない！

イヤイヤ対処ワザ

「家に入ってほしい」と言う前に、まだ遊びたい気持ちを丁寧に受け止めよう

やりがちだけど、なるべくしたくないこと

×「また明日行こうね」と強制的に家に入れる

×「ママは先に家に入るよ！」と置いて行くふりをする

×「あなたのために公園に行ったのに、泣いたら困る！」と言う

親として知っておきたいこと

家に着いたのに、まだまだ外にいたくて自転車の後ろからなかなか降りてくれない――帰ったら「アレして、コレして」と段取りを決めている親御さんは、1秒でも早く家に入りたいでしょうが、そんなこと子どもは知ったこっちゃありません。**「また明日遊ぼうね」と言っても、今を生きている子どもにはほとんど通用しません。**「入れ入れ」と言われれば言われるほど、入りたくなくなるのです。

イヤイヤ期専門保育士の対処ワザ

この場合、お子さんの「まだ遊びたかった」という気持ちを丁寧に受け止めるだけで、意外とすんなり心が家に向いてくれます。**「楽しかったもんね。もっとお外で遊びたかったね」と抱きしめながら気持ちを受け止めてあげましょう。**10秒抱きしめたら次の話題に切り替えて、「あ！　今日のお昼ごはんはうどんだよ。ママはお腹がグーグー鳴ってるけど、〇〇ちゃんはどう？」などと誘ってみます。子どもは気持ちを受け止めてもらったので、お昼ごはんのほうへ気持ちがすんなりと動き始めるでしょう。

もし、まだ落ち着かなければ、再度じっくりとお子さんの気持ちを受け止める時間を取ってあげてくださいね。

おでかけのイヤイヤ 079

ベビーカーに乗りたがらない

イヤイヤ対処ワザ

色々手を尽くしてもベビーカーに乗りたがらないなら、抱っこするか手をつないで歩こう

やりがちだけど、なるべくしたくないこと

✖「ベビーカーに乗らないと置いて行くよ！」と驚かせる
✖ベビーカーに座らせるが、ベルトをしない
✖ベビーカーの座席に子どもが立っても、そのままにしておく

親として知っておきたいこと

ベビーカーに乗りたくない。乗ったとしても「ベルトはイヤ！」と断固拒否することがあります。大泣きされると「何だかかわいそう…」と思って、子どもの言う通りにしてしまうこともあるでしょう。でも、**ベビーカーに「乗せる」と決めたのなら、「ベルトを締める」は鉄則です。**

イヤイヤ期専門保育士の対処ワザ

ベビーカーを嫌がってもいいように、あらかじめお子さんの気持ちが落ち着くアイテム（絵本やオヤツなど）を用意しておきます。乗っている時も「ダンプカーが走っているね」など興味を示す話題を話し、「ベビーカーも悪くない」と思ってもらいましょう。それでも嫌がる時はベルトなしで乗せるのではなく、抱っこするか、手をつないで歩くようにしましょう。

私自身も3歳頃、ベビーカーで失敗したことがあります。ベルトをつけずに後ろ向きに体育座りのように座っていて、段差で揺れた時に後頭部から地面に落ちました。幸い大きなケガはなかったのですが、40年経った今もその時の衝撃は忘れられません。お子さんをケガさせないためにも、ベビーカーに乗せる時は正しく乗せてあげてくださいね。

おでかけのイヤイヤ 080

ベビーカーを自分で押したがる

イヤイヤ対処ワザ

子どもの気持ちを尊重しつつ、必ず親も一緒に押そう

やりがちだけど、なるべくしたくないこと

✖「ベビーカーに乗りなさい！」と無理に乗せる
✖「わがまま言わないで！」と怒る
✖手伝おうとすると子どもが手をはねのけるので、ある程度自由に押させる

親として知っておきたいこと

時間がない時に限って、ベビーカーを自分で押して歩きたがるのが子どもです。「今はやめてほしい！」と思うでしょうが、少しだけお子さんの顔をのぞいてみてください。得意気にベビーカーを押している姿を見ると、クスっと笑えてきますよ。クスッと笑えたところで、交渉をスタートさせましょう。

イヤイヤ期専門保育士の対処ワザ

時間がある時は、「ベビーカーを押したい」という子どもの気持ちを尊重するのが基本です。ただ、歩道で子ども1人でベビーカーを押させるのは危険です。子どもはベビーカーよりも背が低く、前がちゃんと見えていません。段差や坂道も危ないですし、他人にぶつかったりして迷惑をかけることもあるので、「じぶんで！」と言われても一緒に押すようにしましょう。その際、**「一緒に押すよ」ではなく、「ママも少しだけお手伝いするね」と控えめに言うとすんなりOKが出やすいと思いますよ。**

時間がない時は、「次の信号までね」と押してもいいゴールを決めます。もっと余裕がない時、「早く乗って！」と説得してもダメなこともあるので、やはりお出かけ時は抱っこ紐を準備しておくといいですね。

おでかけのイヤイヤ 081

外出時に必ず持って行きたがるアイテムがある

公園のベンチでよくない？
公園いくよーっ
ズズズ……

イヤイヤ対処ワザ

子どもが納得いくまで持って行かせる。ただし困るアイテムは持って行かせないようにしよう

やりがちだけど、なるべくしたくないこと

×「また、持って行くの？」と言う
×「それ持って行くなら遊びに行かないよ」と注意する
×アイテムを忘れて泣く子に、「自分が持ってこなかったから仕方ないでしょ！」と言う

親として知っておきたいこと

外出時にお子さんが必ず持って行きたがるアイテム（オモチャなど）があると思います。持って行っても遊ばないこともあるので、「別に必要ないんじゃないの？」と思うところですが、子どもはそのアイテムがそばにあるだけで、何となしに安心するのでしょうね。

イヤイヤ期専門保育士の対処ワザ

そのアイテムがあることでお子さんの心が穏やかになるなら、基本的には納得いくまで持って行かせましょう。しかし、例えば汚れると困るタオルケットなどを持って行きたがる場合は、前もって「タオルケットは汚れちゃうと困るから外には持って行かない」と限定ルールをお子さんと取り決めましょう。

もし、必須アイテムを忘れてかんしゃくを起こしたら、「自分が持ってこなかったんだから仕方ないでしょ！」と言いたくなりますが、そこはグッとこらえてください。**まず、お気に入りのアイテムがなくて悲しんでいるお子さんの気持ちに共感しましょう。**「忘れて悲しいね」と親が理解してあげると、自分で気持ちの整理を始めます。落ち着いたら「すべり台で遊ぼう」と誘って、別のことに意識を向けさせるといいですよ。

おでかけのイヤイヤ 082

着てほしくない服で公園に行きたがる

砂の女王!!
くるしゅうない
おかえりなさいませプリンセス

イヤイヤ対処ワザ

着たい服で公園へ行ってもOK！　遊びにくさを実感した頃に「着替える？」とささやいてみよう

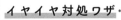

やりがちだけど、なるべくしたくないこと

×「この服はダメ！」と言って脱がせる
×「着替えないと公園に行かないよ」と脅かす
×違う服を無理やり着せようとする

親として知っておきたいこと

例えば、ハロウィンの時に着るようなひらひらのドレスを着て、気分はすっかりプリンセス。しかし、そのままの姿で公園へ行くと、確実に遊びにくい…。ぜひとも着替えてほしいところですが、子どもはがんとして「ドレスで行く」と譲らない。プリンセスの世界にどっぷりつかっているお子さんにしたら、反対するママは魔女みたいなものなのかもしれませんね。

イヤイヤ期専門保育士の対処ワザ

子どもに「ドレスで公園に行く」と言われたら、鏡の前に立って「素敵なドレスね。でも、公園で遊んだら汚れるかもしれないよ。こっちの服は汚れてもいいよ」などと提案してみましょう。もし受け入れてくれなければ、着替えを持ってドレス姿で公園へGO！　ただ、ドレスは動きにくいので、いつも以上に安全面に気をつけてください。そのうち、遊びにくい・暑い（寒い）ことに子ども自身が気づきます。その時、「こっちのお洋服に着替えてみる？」とそっとささやきます。遊びにくさを実感した後なので、「うん」と返事してくれる確率は高いですよ。

この頃の子どもは目に入らないものの存在は忘れやすいので、外で着てほしくない服は見えない場所にしまっておきましょうね。

おでかけのイヤイヤ
083

公園からなかなか帰りたがらない

もう一回!!
ぐる
ぐる
もう一回!!
ぐる
あと何回「もう一回」です?

イヤイヤ対処ワザ

公園から帰る時間を決めて習慣にし、帰る10分前から5分ごとに声をかけて心の準備を始めさせよう

やりがちだけど、なるべくしたくないこと

× 「もう帰る時間だって言ってるでしょ！」と言う
× 「言うこと聞かないなら、もう遊びに来ないよ！」と言う
× 有無を言わさず無理やり連れて帰る

親として知っておきたいこと

そろそろごはんの時間なので、子どもに「帰るよ」と声をかけてもなかなか遊びが終わらない。声をかけた瞬間にタタタ〜と走って行き、今度はすべり台遊びがスタート。「わざとやってるな…」と突っ込みたくなります。帰宅時間が近づくと、「どうせまた嫌がるんだろうな…」と憂鬱《ゆううつ》になるかもしれません。みなさん、お分かりだと思いますが、子どもの気持ちとしては単純に「もっと遊びたい！」だけなのです。

イヤイヤ期専門保育士の対処ワザ

低年齢の子どもほど、家に帰る時間を決めて習慣にしたほうが動いてくれます。例えば帰る時間を11時半と決めたなら、毎日11時半に帰るようにします。でも、11時半になった途端に「さあ、帰るよ！」と言っても、子どもは心の準備ができていません。そこで、帰る時間の10分前から5分おきに声をかけます。10分前「そろそろ帰るからね」、5分前「もうすぐ帰るから片づけ始めようね」、帰る時間「さあ、帰ろう」というように声をかけてみてください。**それでもグズることもあるでしょうが、決めた時間は変更せずに守ります。**「もっと遊びたかったね」「ママも楽しかった。また来よう」などとお子さんのまだ遊びたい気持ちに寄り添いましょう。

おでかけのイヤイヤ 084

道路の縁石を歩きたがる

イヤイヤ対処ワザ

子どもの命を守るためにも、車道側の縁石は「歩かせない」が鉄則

やりがちだけど、なるべくしたくないこと

×手をつないで縁石を歩かせる
×「ここは歩いちゃダメ！」と叱る
×「車にひかれちゃうよ！　いいの？　ママ知らないよ！」と叱る

親として知っておきたいこと

道路の縁石《えんせき》を見つけると、子どもは平均台のように歩きたがります。みなさんも小さい頃よくやったと思いますが、今は私たちが子どもの頃とは比べものにならないくらいの車社会です。もしも、車が来た時に車道側に転んだら…と考えるだけでも恐ろしいことです。**親が子どもの命を守るためには、「危険なことはさせない」が鉄則なのです。**

イヤイヤ期専門保育士の対処ワザ

子どもはちょっとした段差や、縁石などが大好きです。縁石を見つけると、親の手を引っぱって縁石の上を歩きたがることでしょう。でも、車道に面している縁石を子どもが歩くのは、たとえ親が手をつないでいたとしてもやめてください。

ただ、子どもに「縁石を歩いちゃダメ！」などと言うと、人間の心理上、禁止されると余計に歩きたくなるものです。みなさんも「ホームページにある私の顔写真を絶対に見ないでくださいね」と言われたら、余計に興味がわきませんか？　ですから、**「危ないから、歩道を歩こうね」などと別の伝え方をするようにします。**言いたいことは同じですが、お子さんへの伝わり方は大きく違いますよ。

おでかけのイヤイヤ 085

買い物に行ったスーパーで走り回る

イヤイヤ対処ワザ

スーパーに入る直前に、子どもに守ってほしい約束を伝えよう

やりがちだけど、なるべくしたくないこと

×「走らないで！」と注意する
×「いい加減にしなさい！」と怒る
×いつものことなので注意をしない

親として知っておきたいこと

スーパーに行くと、親と手が離れた瞬間に走り回る——うちの子たちも、まさにこのタイプでした…。「走っちゃダメ！」と私が注意すると余計に興奮して走るので、落ち着いて買い物なんてできたものではありませんでした。

ただ、この時の私は公共の場のマナーを子どもたちに簡単な言葉できちんと伝えていませんでした。そして、必要以上に反応して怒っていました。ですから、みなさんはその逆をすればいいのです。

イヤイヤ期専門保育士の対処ワザ

スーパーは公共の場なので、走った場合は叱るべきです。ただ、叱らなくてすむように、スーパーに入る直前に「ママと手をつないで歩こうね」と守ってほしい約束を伝えます。走って迷惑をかける可能性があるなら、カートに乗せることを約束してもいいでしょう。

もし走り回ってしまったら、「走らないで」の禁止言葉ではなく、「歩こうね」と子どもにしてほしい行動を言葉にします。**何度言っても走るようなら買い物は中止し、その場を離れましょう。泣いたとしても強制終了します。**「ママはスーパーでの約束をとても大切にしている」という態度を見せることが大切なのです。

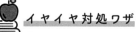

おでかけのイヤイヤ 086

スーパーで「お菓子買って！」とわめく

イヤイヤ対処ワザ

「お菓子を買わない」と約束したなら、毅然とした態度で「買わない」を貫こう

やりがちだけど、なるべくしたくないこと

×根負けして買ってしまう

×「じゃあ、今日は公園なしね」と子どもが楽しみにしている次の予定をキャンセルする

×「お菓子ばっかり食べていたら虫歯になるよ！」と驚かせる

親として知っておきたいこと

「お菓子は買わないよ」と言ったのに、スーパーのお菓子コーナーで子どもが駄々をこねる。ひっくり返って「買って！」と泣かれると、しつけができていないみたいで恥ずかしいですよね。他のお客さんの迷惑にもなるので、根負けして買ってしまうこともあるでしょう。でも、**「今日は買わない」と子どもに約束していたなら、その言動を守ることのほうが大切ですよ。**

イヤイヤ期専門保育士の対処ワザ

家を出る前に「今日はお菓子を買わない」と約束したのに、そんな約束はすっかり忘れたように〝お菓子買って攻撃〟をするのが子どもです。公共の場で騒がれたら、体中の毛穴から変な汗が流れ出てきます。でも、これはイヤイヤ期によくあることととらえ、毅然とした態度で対応しましょう。まずは、「お菓子がほしかったのね」と気持ちを受け止めます。**ひっくり返って騒いだら、他のお客の迷惑にならない場所に移動させ、安全を確認しながら目を離さず放っておきます。つまり、我慢を覚えさせるのです。**〝お菓子買って攻撃〟はこの先もしばらく続くでしょうが、負けないでください。「いつでも買ってもらえるわけではない」ということを経験させることが大切なのです。

\おでかけ/
の
イヤイヤ
087

ほしいものの前に立ち、無言で訴えてくる

じーっ
ガラスに映った姿でNOを伝えてみる

イヤイヤ対処ワザ

無言のアピールに対しても、「買わない」ことを貫こう

やりがちだけど、なるべくしたくないこと

×「また今度ね」と誤魔化す
×手を引っ張って無理やり連れて行く
×「今日だけよ」と買ってあげる

親として知っておきたいこと

お菓子をほしそうにしているけれど、泣いたり騒いだりするわけでもなく、ただその前から動かない〝無言のおねだり攻撃〟――このタイプの子はなかなか芯が強く、自分の気持ちを静かに、それでいて力強く伝えてきます。泣いているわけでもないので、親のイライラも少ないかもしれません。思わず「今日だけね」と買ってしまいそうですが、**「今日は買わない」と決めているのなら、「NO」の境界線をあいまいにせず、「買わない」を貫きましょう。**

イヤイヤ期専門保育士の対処ワザ

ほしいものの前に力強く直立するお子さんに、「行くよ」「買わないよ」と言っても動かないので、まずは気持ちを受け止めましょう。「どうしたの？　このお菓子がほしかったの？　そうか、ほしかったんだね。でも、今日は買わないんだよ」と伝えます。そして子どもに考える時間を与えてから、「さあ、今日の夜ごはんの材料を買いに行こう」と別の話題で誘います。この時、間髪入れずに「さあ、行こう」と言っても、子どもは気持ちの整理がまだできておらず、「イヤ」と言うと思います。**10秒で構いませんので、子どもが気持ちを整理できる時間を設けてみてください**ね。

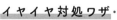

おでかけのイヤイヤ 088

「ママ、先に行くよ」に動じない

イヤイヤ対処ワザ

「ママ、先に行くよ」は恐怖の言葉。子どもの気持ちを受け止めて、自分の意思で動くのを待とう

やりがちだけど、なるべくしたくないこと

× 「じゃあね、バイバイ」と驚かせる
× 「じゃあ、ずっとそこにいなさい」と言う
× 先に行って、角を曲がったところで様子を伺う

親として知っておきたいこと

外出先でイヤイヤと言い出し、声をかけても手を引いても動かない。どうせついて来るだろうと思って「ママ、先に行くよ!」と歩き、角を曲がってのぞいてみると、移動すらせず泣いている。何なら、「ママが迷子」と道行く人に言う子もいたりします。

「ママ、先に行くよ!」「じゃあ、ずっとそこにいなさい」は、効果があろうとなかろうと置いていかれる恐怖を子どもに与えるのでやめましょうね。

イヤイヤ期専門保育士の対処ワザ

まず、子どもがどうして動こうとしないのかを探ります。もしかすると、さっき目にした猫をもっと見たいのかもしれません。それが分かったら、「そうか、もっと猫ちゃんを見たかったんだね」と気持ちを受け止めて、お子さんのペースに合わせてゆっくり待ちます。気持ちを受け止めてもらって心が満足すると、子どもの体も動き始めます。「ママ、先に行くよ!」は最初は動いてくれるかもしれませんが、何度も経験すると「どうせママは戻ってくるんでしょ」と気づきます。**大切なのは、子どもの気持ちをコントロールして動かすのではなく、自分の意思で動いてもらうこと**なのです。

おでかけのイヤイヤ 089

外で大の字に転がって泣く

イヤイヤ対処ワザ

「早く泣きやませなくちゃ」と焦ることなく、気がすむまで泣かせよう

やりがちだけど、なるべくしたくないこと

× 「どうしてそんなにわがままなの？」と怒る
× 周りの目が気になり、必要以上に叱る
× お菓子を与えて気を紛らわせる

親として知っておきたいこと

気にくわないことがあると、外だろうがお構いなしで、ひっくり返って大の字になってかんしゃくを起こす。周りの人の目が気になり、そんなお子さんを必要以上に叱ったこともあるかもしれません。もし、叱りすぎたことに気づいて後悔されているのであれば、それは素晴らしいこと！　お子さんに「叱りすぎてゴメンね」と素直に謝り、次から気をつければいいのです。

イヤイヤ期専門保育士の対処ワザ

園でかんしゃくを起こすのは、いつも全力で遊んでいる子が多いように思います。元気があふれ出して、気持ちをコントロールできなくなっているのでしょう。**かんしゃくは、その子なりの自己主張です。**とはいえ、外出先でかんしゃくを起こされると、親としてはうんざり…。特に人通りが多い場所で、大の字になってバタバタされると本当に困りもの。周りの人に「騒いですみません」と謝って、安全な場所に子どもを移動。抱きしめて、「○○がイヤだったんだね」と気持ちを受け止めて落ち着くのを待ちます。**子どものかんしゃくが激しいと、「早く泣きやませなくちゃ」とイライラしますが、焦る必要はありません。**安全な場所で、気がすむまでかんしゃくを起こさせてあげましょう。

10章

おでかけのイヤイヤ

090

保育園行きたくない〜！

保育園
行きたくなーい!!
ワーン
行きたくなーい!!

ママも会社
行きたくなーい!!

イヤイヤ対処ワザ

保育園に行く前に、心を込めて10秒間抱きしめよう

やりがちだけど、なるべくしたくないこと

×「行けば楽しいから、がんばって！」と励ます
×「ママを困らせないで！」と困った顔をする
×「お仕事休めないの。無理言わないで！」と言う

親として知っておきたいこと

いつも機嫌よく保育園に行っていたのに、園に着いた途端に「ママがいい！」と言って泣き出す——まさに、イヤイヤ期のあるあるです。0歳から保育園に通って慣れていても、2歳くらいになるとよく起こります。朝はただでさえバタバタなのに、子どもにグズられると焦って時計とにらめっこ。でも、落ち着いてください。焦って気持ちが時間へ向けば向くほど、子どもは不安になって親を求めるのです。

イヤイヤ期専門保育士の対処ワザ

たくさんの親御さんたちの対応を見てきた中で、やっぱり一番のオススメが「おうちを出る前に抱きしめる」です。この**抱きしめがあるかないかで、子どものその日のスタートが大きく変わります。**「ママ、時間がないから」と抱きしめてもらえないと、お友達にちょっかいをかけたりして不安定になりがちです。親御さんに抱きしめられて、一緒にいたい気持ちを受け止めてもらったら、泣いていても自分で気持ちを落ち着けてスッキリ顔で遊びに向かいやすくなります。慌ただしい朝だと思いますが、抱きしめる時間はたった10秒でいいので、目の前のお子さんに心を向けてみてくださいね。

\その他/
の
イヤイヤ
091

手が離せない時ほど「抱っこ抱っこ」と言ってくる

出た〜っ
ウォーキング・ダッコ!!
ううう〜
だっこ〜
だっこ〜

イヤイヤ対処ワザ

抱っこを待たせるなら、具体的な目安を言おう

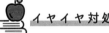

やりがちだけど、なるべくしたくないこと

×「後でね」と待たせる（そして〝後〟はやってこない）
×「今は忙しいから無理」と断る
×「わがまま言わないの」と断罪する

親として知っておきたいこと

家事が忙しい時や買い物で荷物が多い時ほど、子どもの〝抱っこ抱っこ攻撃〟がやってくるものです。手が離せないと、そんな余裕はありません。思わず「どうして今なの！」と言いたくもなりますが、子どもにとってはいつもと同じことを求めているだけ、ということを知っておいてくださいね。

イヤイヤ期専門保育士の対処ワザ

私たち大人は、よく子どもに気軽に「後でね」と言いがちです。でも、**子どもには〝後〟がいつなのか分かりません。**だから、「洗濯物を干したら抱っこするね」などと具体的に答えましょう。それでも「今がいい！」と言うなら、「パワー注入！」と10秒間抱きしめます。そして、再び「洗濯物を干したら抱っこするね」と言います。それでも「今！」なら、家事を中断して抱っこしましょう。親御さんが100％の気持ちを向ければ、意外に早くお子さんから「もう、抱っこおしまい」と言ってくれますよ。

実は私も、よく「後で」と言っていました。ある日、息子に「後でって、どうせしてくれへんのやろ」と言われ、「は！」と気づかされました。**「後で」と言われた子どもはずっと待っています。必ず約束を守ってあげましょうね。**

その他のイヤイヤ092

名前を呼んだだけで「イヤ!!」

イヤイヤ対処ワザ

イヤイヤ期の子どもの「イヤ」はあいさつみたいなもの。過剰反応はご法度

やりがちだけど、なるべくしたくないこと

✕「また、イヤばっかり言って！」と、いちいち「イヤ」に反応する
✕「イヤならしなくていい！」と怒る
✕「たまには〝ハイ〟って言ったら？」と叱る

親として知っておきたいこと

名前を読んだだけなのに、「イヤ!!」と返事が返ってくる。あれもこれもイヤな時期は、多くの子に訪れます。「まだ用件も何も言ってないでしょ！」とイラっとすることもあるでしょうが、今の時期の〝イヤ〟はあいさつと一緒です。そう思えば少しですが、心がラクになりませんか？

イヤイヤ期専門保育士の対処ワザ

園には「手を洗おう」と言われて、「イヤ」と答えながらも、ちゃんと手を洗う子もいます。
この時のポイントは、子どもの「イヤ」に過剰反応しないことです。こちらが「また、イヤばっかり言って！」などと言うと、「ママが反応してくれた！」と子どもはうれしくなってしまいます。ですので、**「イヤ」と言われても「そうか、イヤなんだね」とさらりと答えて、してほしい行動へ誘導しましょう。**

しかし、行動の一つひとつに毎回イヤイヤと言われたら、そのたびに「そうか、イヤなんだね」と答えながらも、気が滅入ってしまうことでしょう。そんな時は**お子さんを抱きしめながら、「イヤイヤばかり言われたら、ママは悲しいな…」と切なくつぶやいてみてください。きっとイヤイヤの回数が減ると思いますよ。**

その他のイヤイヤ093

バンドエイドを貼りたくて仕方ない

イヤイヤ対処ワザ

バンドエイドの流行が落ち着くまで、好きなだけ貼らせてあげよう

やりがちだけど、なるべくしたくないこと

✖「ケガしてないんだからダメ！」と断る
✖「バンドエイドがもったいない！」と言う
✖「もったいないおばけが来る」と驚かせる

親として知っておきたいこと

この時期の子は、ケガもしていないのにバンドエイドを貼りたくなることがよくあります。子どもにとってバンドエイドは、〝あこがれのシール〟みたいなものです。そのシールを貼っている自分の姿がかっこいい（かわいい）のです。もちろんムダに貼るのはもったいないのですが、一時的な流行ですので、落ち着くまで貼らせてあげてもいいでしょう。

イヤイヤ期専門保育士の対処ワザ

私の娘もこのタイプでした。腕に1枚ペタリと貼るくらいならかわいいものですが、10本の指すべてをぐるぐる巻きに…。「それ、絶対に生活しにくいよね…」と突っ込みたくなるほど。しかし、それを止めるとかんしゃくを起こすので、「じゃあ、好きなだけ巻いてごらん」と100円ショップのバンドエイドを一箱渡してあげました。小さな手でバンドエイドを各指に巻きつけていく娘を見て、「この子の集中力はすごい！　めっちゃ器用」と感心したほどです。結局、この遊びはバンドエイドを3箱分貼ったところで終了しました。子どもの見えない場所に片づけても〇Kですが、お子さんの興味に合わせても**そのうち飽きて、別の楽しみを見つけるので心配ありませんよ。**

\その他の イヤイヤ/ 094

手洗いやうがいをしたがらない

なぜバイ菌をかばうのだ?
プイッ
ギュッ
ギュッ

イヤイヤ対処ワザ

「手を洗ってピカピカにしよう!」と明るく誘おう

やりがちだけど、なるべくしたくないこと

×「バイ菌だらけだよ！」と驚かす
×「手を洗わないとオヤツ食べられないよ！」と言う
×「洗いなさい！」と叱る

親として知っておきたいこと

食事前後、トイレ後、帰宅後など、してほしい場面で手洗いやうがいを嫌がる。**親が必死になって「うがいしなさい」「手を洗いなさい！」と言えば言うほど、子どものテンションは下降します。**そういう時は、お子さんの気持ちが上向くような誘い方をしてみましょうね。

イヤイヤ期専門保育士の対処ワザ

外から帰ったら、まずは手を洗ってほしいですよね。コロナ禍なら、なおさらです。**まず、「そっか。今は洗いたくないんだね」と子どもの気持ちを受け止めます。そして、「じゃあ、洗う気になったら教えてね」と蛇口の前で一緒に待ちましょう。**先に遊ぼうとしても、「手を洗ってから」と抱っこして待ちます。子どもが手洗いに気持ちが向くまで、時間を取ってあげます。

手洗いに誘う時の言い方も変えましょう。「手がバイ菌だらけだよ！」と伝えると、手洗いに対してマイナスイメージを抱きかねません。ですので、プラスイメージを抱くように、「手を見せて。元気に遊んで手が汚れたから、洗ってピカピカにしよう！」と言うのです。洗った手も見せてもらい、「わあ！　ピカピカになったね」と喜びましょう。同じ意味でも、プラスに言い換えるだけでお子さんの気持ちや行動が変わりますよ。

その他のイヤイヤ095

歯医者さんで口を開けようとしない

イヤイヤ対処ワザ

少しでも楽しいイメージを持てるように、歯をテーマにした遊びを取り入れよう

やりがちだけど、なるべくしたくないこと

×「せっかく連れてきたのに！」と怒る
×「虫歯になったら痛いわよ」と驚かせる
×「口を開けなさい！」とこじ開けようとする

親として知っておきたいこと

なかなか口を開けようとせず、やっと開けたと思ったら、先生の指をガブリと噛む——親としては冷や汗ダラダラです。歯医者さんは子どもだけでなく、大人も好きな人はあまりいないでしょう。ただ、大人は覚悟を決めていますが、子どもはそうではありません。仰向けになって、知らない人（歯医者）が上からのぞき込み、さらに押さえつけられたら、恐怖でしかありません。きっと、「口なんか開けてたまるか！」と思っているのでしょうね。

イヤイヤ期専門保育士の対処ワザ

イヤなものはイヤなので、少しでも楽しいイメージを持てるようにしましょう。**家で仰向けで親が口の中を見たり触ったりすることを習慣にし、恐怖心を軽減してあげてください。**また歯がテーマの絵本を読んだり、人形を患者さんに見立てて歯医者さんごっこをしたり、遊びの中でも歯医者さんを身近な存在にしましょう。

押さえつけられたら、「何をされるか分からず怖い…」と思うのは当然のこと。中には、子どもに痛いことや怖いことはしないと説明して、自分で口を開けたくなったら診察開始するという歯科医院もあります。お子さんに合った歯医者さんを、じっくり探してみてくださいね。

その他のイヤイヤ096

注射が怖くてお医者さんを蹴る！大暴れする！

イヤイヤ対処ワザ

注射することは事前に伝え、ポジティブな声かけで終わろう

やりがちだけど、なるべくしたくないこと

✕「泣かずにがんばろう!」と励ます
✕「そんなに痛くないから大丈夫!」と励ます
✕注射のことを秘密にして病院に連れて行く

親として知っておきたいこと

注射がイヤで泣くのはよくあることです。ひどい場合は、大暴れしてお医者さんや看護師さんを蹴ったり、走って逃げたりします。最悪の場合、せっかく病院まで来たのに「今日はやめとこうか」と言われ、接種できないことも…。親は「えー!! 次回?」と泣きたくなりますが、子どもにとっては、どうして注射をしなければいけないのかの理由が分からないのだから、拒否するのは当然かもしれません。

イヤイヤ期専門保育士の対処ワザ

うちの息子はあまりに暴れるので、押さえつけられてお尻にチクリとされたことがあります(いまだにトラウマです…)。結論を言うと、イヤなものはイヤで、泣く時は泣きます。「注射は痛くない」は励ましのつもりでしょうが、ウソはやめましょう。どんなに泣かれても体を守るために必要なので、**注射する時に親がすべきことは二つ。一つは「今から注射をする」と伝えること。だまし討ちはやめましょう。もう一つは、注射をしたら「できたね。よくがんばったね」とポジティブな印象で終わらせること。**

また、嫌がる子どもを根気よく待ってくれるお医者さんもいます。無理強いされないことも、恐怖心を取り除く要素になりますよ。

その他の イヤイヤ 097

事あるごとに「なんで？ なんで？」攻撃

イヤイヤ対処ワザ

「なんで？」と聞かれて分からない場合は、
「どうしてだろうね～？」と質問返し

やりがちだけど、なるべくしたくないこと

× 「いちいち聞かないで！」とイライラする
× 「しつこく聞かないで！」と怒る
× 「さあ〜？」と生返事

親として知っておきたいこと

何か話すたびに「なんで？」と言われたら、「いちいち聞かないで！」とイライラするもの。しかし、子どもの「なんでパパにおっぱいがあるの？」「なんで夜は暗いの？」などの「なんで？なんで？」攻撃にはハッとさせられることもあります。大人もタジタジの難問のたびに、「もう勘弁して〜」と思うかもしれません。

子どもが「なんで？」と質問する理由には、質問しながら言葉を学んでいる、外の世界への興味が広がってきている、好奇心が芽生えてきている、などがあります。つまり、脳が活発に発達しているということなのです。

イヤイヤ期専門保育士の対処ワザ

「なんで？」と聞かれて分かることは、子どもの知っている言葉で説明します。分からない場合は、「どうしてだろうね〜？」と質問を返してみましょう。それだけでも、「ママ（パパ）が返事してくれた！」と満足します。もちろん、分からないことは素直に「分からない」と答えてもOKです。そういう場合は、「ママ（パパ）も分からないから一緒に調べようか！」と図鑑などを開いてみることで、お子さんの好奇心がさらに高まりますよ。「〇〇ちゃんが聞いてくれたから、ママも分かったよ！」と学ぶ喜びを親子で味わってみましょうね。

その他のイヤイヤ 098

料理のお手伝いをしたがる

イヤイヤ対処ワザ

台所のお手伝いは、親御さん主導で「やってもいい」と認めたことだけさせよう

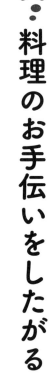

やりがちだけど、なるべくしたくないこと

×「指を切るからやめて！」と止める
×「まだできないから向こうに行ってなさい！」と言う
×子どもが譲らないので、時間はかかるが言う通りにさせる

親として知っておきたいこと

子どもが「じぶんでやる！」と包丁やピーラー、フライパンを使う作業をしたがると、いつもの倍以上の時間がかかります。料理の楽しさは子どもに経験させたいことですが、台所は一歩間違えば大ケガにつながるところでもあります。子ども主導ではなく、あくまで親主導で作業を進めましょうね。

イヤイヤ期専門保育士の対処ワザ

料理は、「親がいいと言ったことだけさせる」のが基本です。**料理前にきちんとルールを決め、それが守れないなら「お手伝いはなし」と伝えましょう。**不安定な手つきを見ると助けたくなりますが、子どもは自分でやりたいので「少しお手伝いしてもいい？」と聞いてみてください。「ママがしてあげる！」と言うよりも、聞き入れてくれやすいですよ。少しずつ色々なことにチャレンジさせて、できるお手伝いを増やしていきましょう。

包丁を使うのは、手の機能ができあがる3〜4歳頃からが安全です。包丁の正しい持ち方や切り方の基本を教えてからスタートしましょう。

子どもとのお料理は時間と心に余裕がなければできませんが、お手伝いをすると自信や責任感、自分で考える力が育まれますよ。

その他のイヤイヤ 099

ちょっぴり危ないことをしたがる

イヤイヤ対処ワザ

子どもの「危ない行動」に目を向け、具体的な言葉でしっかりやめさせよう

やりがちだけど、なるべくしたくないこと

×「危ないからダメ！」と大声で叱る
×「走らない！　登らない！」と叱る
×何度もするので「悪い子ね！」と叱る

親として知っておきたいこと

親のすきを見て、棚の上やテーブルの上に登ってはニヤニヤ。「登らないで！」と言って降ろしても、何度も登る――このように、子どもは危険かどうかを考える前に行動します。それに親が反応すると、うれしくなってもっと注目してもらおうと何度も繰り返します。そういう時は、「悪い子ね！」などと評価を下す物言いはせず、子どもがしている「危ない行動」に目を向けましょう。

イヤイヤ期専門保育士の対処ワザ

子どもの少し危険な行為に対して、その都度、感情を起伏させてはいけません。あえて**「私、あなたのその行為に興味を持っていませんよ」という表情をします。**何度も言ってきましたが、「～しない！」などの禁止言葉は子どもにはピンときづらいため、具体的な言葉を使いましょう。例えば、棚に登ろうとしたら、「登らない！」ではなく、「降ります」。中途半端に止めるのではなく、しっかりと体で止めてください。

ケガしそうなことをされると、**思わず大声で「ダメ！」と言いたくなりますが、その声に子どもがビックリして転落することもあるので、あくまで冷静に対応してくださいね。**

\その他の イヤイヤ100/

いつもと一緒がいい

イヤイヤ対処ワザ

子どもはいつもと一緒が安心するので、できる限りいつもと一緒を心がけよう

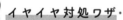

やりがちだけど、なるべくしたくないこと

✖「わがままな子ね！」と言う
✖「こうしたほうがいいんじゃない？」と子どもの意に反した提案をする
✖こだわりが強すぎるのではないかと心配する

親として知っておきたいこと

「いつもと一緒」は子どもなりのルールがあり、親としては少し面倒な時もあります。例えばオモチャを片づける時、よかれと思って手伝ったのに、子どもの〝いつもの手順〟と違ったために、「もう一回」と言われてオモチャ箱をひっくり返される…。親にしたら「そんなことでふりだしに戻るの？」とゲンナリしますが、子どもはいつもと一緒じゃないとイヤなのです。ママもパパが料理をした後、キッチンの配置がいつもと変わっていたらイヤな気分になるでしょう。それと一緒ですよ。

イヤイヤ期専門保育士の対処ワザ

子どもにとって、いつもの場所や順序などが狂うと、心の苦痛になることがあります。だから、できる限りお子さんの〝いつもの手順〟を尊重します。公園から帰る時の道が決まっているなら、遠回りでもいつもの道を通ります。保育園でママとバイバイする時、「タッチ・ムギュー・チュウ」の手順がいいならそうします。親は「面倒ね。別の手順でもいいでしょ？」と思うでしょうが、それはあくまで親都合。お子さんにとって、いつもと一緒なことが「自分はここにいていい」という安心感につながるのです。できる限り、いつもと一緒を心がけましょうね。

文 中田 馨（なかた・かおり）

1978年生まれ。イヤイヤ期専門保育士。兵庫県西宮市の認可保育園・中田家庭保育所施設長。自宅が家庭保育所を運営している環境に生まれ育つ。学校から帰宅すると、保育所の子どもたちと遊ぶことが日課で、人生の大部分で乳幼児と触れ合う。朝日新聞出版の「AERA dot.」、小学館の「HugKum」などで０～２歳対象の育児コラムを連載。一般社団法人離乳食インストラクター協会代表理事を務め、保護者や保育士などの専門家に対して食育指導を行う。著書に『全あそび動画付き 発達サインでわかる！ 0･1･2歳児がごきげんになるあそび100』（共著、実務教育出版）、『いっぺんに作る赤ちゃんと大人のごはん』（誠文堂新光社）がある。

絵 クリハラタカシ（くりはら・たかし）

1977年生まれ。漫画、イラスト、絵本などを制作。主な著書に漫画：『冬のUFO・夏の怪獣【新版】』（ナナロク社）、『ツノ病』（青林工藝舎）、絵本：『ゲナポッポ』（白泉社）、『きょうのコロンペク』（福音館書店）、『これなんなん？』（くもん出版）、『むしめがねのルーペちゃん』（アリス館）、『こうえん』（偕成社）、『とおくにいるからだよ』（教育画劇）、『ハッピーボギー』（あかね書房）、『くまくんの たすけて～!』（学研プラス）などがある。

イヤイヤ期専門保育士が答える
子どものイヤイヤ こんなときどうする？
100のヒント

2021年３月10日　初版第１刷発行
2023年５月１日　初版第４刷発行

著　者　中田馨・クリハラタカシ
発行者　小山隆之
発行所　株式会社実務教育出版
〒163-8671　東京都新宿区新宿1-1-12
電話　03-3355-1812（編集）　03-3355-1951（販売）
振替　00160-0-78270

印刷／株式会社文化カラー印刷　　製本／東京美術紙工協業組合

ISBN978-4-7889-0908-3 C0037